Word Search Rules

Locate the given words in the grid, running in one of eight possible directions:

Right ➡

Left ⬅

Up ⬆

Down ⬇

Diagonally ⬉⬊

BEST TENNIS PLAYERS OF ALL TIME

```
R A F A E L N A D A L T U J Y M
C M E L R F N A Q Z R A O E D J
B O O Q X A T M T Q O H J K Q I
A W I N O P V Q K C D F U S R M
N S K V I B Z Z R L L O S J O M
D B T C A C B D B D A L T O G Y
R J G E H N A Y F L V A I H E C
E O M N F R L S S D E H N N R O
A R I G R F I E E U R B E M F N
G N B S S X I S N L Q X H C E N
A B Q L U H W G E D E W E E D O
S O D K E U M H R V L S N N E R
S R C Z K N Q R A A E Y I R R S
I G X R B S D N M D F R N O E L
R G F S N T W S K K I F T E R Q
V N X M P E T E S A M P R A S S
```

ANDRE AGASSI   BJORN BORG
CHRIS EVERT   IVAN LENDL
JIMMY CONNORS   JOHN MCENROE
JUSTINE HENIN   MONICA SELES
PETE SAMPRAS   RAFAEL NADAL
ROD LAVER   ROGER FEDERER
STEFFI GRAFF

TENNIS COURT TYPES

```
R  A  S  P  H  A  L  T  C  N  I  C  W  M  O  H
Y  C  L  A  Y  P  L  N  J  O  H  B  P  M  N  S
H  L  H  W  P  V  X  S  W  N  N  V  I  Y  S  K
I  I  E  P  F  O  V  D  U  S  P  C  A  A  R  P
B  J  L  O  J  D  R  Y  T  P  L  L  R  M  C  V
V  F  Y  K  G  S  I  X  I  Q  C  G  K  E  Y  F
T  P  L  T  Q  F  X  B  M  L  L  J  C  T  T  I
J  J  S  H  H  J  S  R  A  A  F  E  N  O  G  E
G  D  D  C  L  Y  E  I  I  U  H  H  Z  W  M  Q
G  B  F  V  I  C  C  C  E  Y  L  V  S  P  E  P
X  H  H  L  Y  I  I  S  L  D  W  S  W  O  D  N
L  H  T  Q  F  F  T  G  L  X  A  I  B  G  W  Z
A  U  G  I  I  Y  M  O  X  R  B  I  X  L  H  J
M  C  T  T  R  U  X  P  G  V  M  U  K  H  L  M
J  R  R  G  E  F  G  C  B  A  R  Z  W  B  P  G
A  A  G  K  K  N  I  Z  C  A  R  P  E  T  A  N
```

ARTIFICIAL CLAY	ARTIFICIAL GRASS
ASPHALT	CARPET
CLAY	CONCRETE
GRASS	

SCORING

```
F E X C Y Z G O W M R M T B Q G
H A S S M Y U N Z K A V V R Z K
C U M E M A R D G T G T O R H O
E B C G T A U B G P P W U F E Q
N K W Y A S T A E E O T X M N V
D E Y A M M N C C R E I A H P E
M O L B A P E U H S B G N S M X
I L X Q L F E S E E K E D T I X
Z Q C J C D W G V A S M G O S F
T X J X N J A O E J U K I U K V
L C U H X T N R A K M S F X G Y
O H L U N H B H P X S E R B X V
D N F A T E O O U W P Q C R G T
G B V B I V U Z J Z D Y M M S J
P D V T N I J G C Q R M U P T A
A M Y S X U I H B W P W R B C N
```

ADVANTAGE SET   DEUCE
GAMES   MATCHES
POINTS   SETS
TIE-BREAK GAME

TENNIS BRANDS

```
T  E  C  N  I  F  I  B  R  E  W  C  R  A  S  Z
Q  L  M  Y  D  D  I  P  C  G  U  E  M  Y  Q  H
D  H  Y  Z  H  S  S  U  S  S  E  W  D  R  X  F
N  O  Z  A  N  E  B  N  V  C  C  Q  I  R  O  I
S  Y  K  Q  C  M  O  A  N  M  M  P  I  I  I  X
E  F  G  L  U  S  E  I  B  Z  E  J  H  A  V  B
S  O  T  V  L  M  R  D  G  O  I  S  A  K  M  J
P  Y  H  I  N  P  X  L  U  O  L  Q  P  Y  A  B
B  H  W  O  N  E  S  B  Q  R  I  A  F  R  D  M
F  Z  O  Y  N  O  G  N  A  H  Y  V  T  B  I  M
B  Y  P  O  P  H  N  S  M  G  E  A  L  J  D  I
N  A  Y  L  T  A  I  L  V  N  Q  A  Z  E  A  P
C  D  J  X  P  G  K  G  O  A  X  V  D  R  S  G
F  R  A  Q  F  F  E  E  Y  B  P  N  K  V  F  R
O  I  D  U  N  L  O  P  A  O  S  L  J  O  C  J
J  M  W  I  G  J  Y  O  Q  E  A  H  L  A  C  L
```

ADIDAS   BABOLAT
DUNLOP   HEAD
NIKE   PRINCE
TECNIFIBRE   WILSON
YONEX

EQUIPMENT

```
A I Q I N Q H V Q F X D M D O Q
F R B H N P R G F Q C J N R L A
M D I H C X N S I G T A G U Z N
V N Z Y V G L Z S O B M Y T K K
R W R I S T B A N D G S Y E Z I
Q C R G W P S B A L L O A N C U
X W B A N S F E N I A P T N J T
M V R X C K H S Y C Z E C I D T
E E I B Z K A V V N N V P S S C
K G U C J F E X V K V M G S D D
R I Y J G L A T P J A J U H Y X
Z V N I F J U J L R W J X O O Q
G Y Z K E G Y T F U S M M E A P
V T C J C Y T Z O X Q F J S M B
O C K O R P X O F Z P O K L C H
Z W Q M B Z O T E H Q L G Q V D
```

BALL   HEAD BAND
NET   RACKET
TENNIS SHOES   WRIST BAND

COMMON TENNIS COURT TERMS

```
S F E U S R Z T O Y R F O L C W
E D Q H I M U Y M T O K Z K U Q
R E F A S D P N K I Y J R X C C
V U V J J H W X C O D A E E E X
I C T B W V T F Y Q M D W J O J
C E R A R U Z E R R P T L B F G
E S A S O Y L J E J R T E E O S
L E M E A L S T Y U E C J T T G
I R L L A Z N D O D I P F H A W
N V I I E E T C I V V J V F Q T
E I N N C P D S R S F U P L L C
N C E E C A H E V U Z Z Y W A M
N E S K J V S C Z K R B R Z N W
E B Q R C B A C K C O U R T F J
U O M V Z O R X G C V H B Y N M
I X D E U C E C O U R T N R H J
```

ALLEY
BASELINE
DEUCE SERVICE BOX
SERVICE BOX
SIDE T
AD COURT

BACK COURT
CENTER MARK
MIDDLE T
SERVICE LINE
TRAMLINES
DEUCE COURT

TENNIS SHOTS

```
F A M F P U P I O M B N X M W O
M Z T E S O C B I G W N W K Z M
H N P I P C F Q V C P X L U Y N
X R K H L S O H M R X N T X Q U
V U X W P G A H O N D A A L W Z
X V X D S R I L Z B W R K O M P
C B O J K I G M V K K R O X D E
B A E L F O R E H A N D U J K A
D C N M L I H Q K O H A W B G P
P K W T C E T M D J G O L H P R
R H Z Q P J Y I D A K I G K X S
B A K C Q K L S G R M U T B M E
T N H I H Z T O K S P U B D F R
J D E I Z O H D F D S M G B G V
L T M O A J N Z F J C E I Q D E
Z S J A X J H V W N J U N N E C
```

BACKHAND   FOREHAND
SERVE   VOLLEY

GRAND SLAM TOURNAMENTS

```
H  B  M  W  L  E  D  L  F  X  E  G  R  H  I  F
H  U  D  Q  O  S  H  T  H  V  N  D  G  F  P  N
A  R  S  R  F  O  P  U  E  E  D  U  S  W  F  M
E  U  D  O  N  Z  R  U  P  E  W  T  R  I  O  J
L  U  S  J  P  A  H  O  O  P  O  P  I  M  T  Y
N  D  F  T  U  E  H  V  Z  O  T  A  X  B  S  I
T  O  J  F  R  C  N  E  E  J  U  J  K  L  U  X
A  H  G  V  N  A  R  Z  Y  S  O  T  N  E  A  W
H  N  I  E  T  K  L  Q  V  S  O  P  X  D  M  M
N  T  R  K  O  F  F  I  U  M  X  E  L  O  Z  Z
R  F  P  I  K  K  X  J  A  Z  C  Z  W  N  O  J
K  R  X  J  X  B  T  I  W  N  Z  G  E  E  S  R
C  P  H  M  F  J  K  S  B  O  O  Q  T  Y  G  M
B  Z  U  I  G  G  U  Q  M  L  F  P  J  K  Q  Y
V  T  Z  D  N  N  X  N  M  V  P  O  E  P  F  X
X  R  J  A  M  A  B  T  W  S  D  C  Q  N  G  Y
```

AUSTRALIAN OPEN   FRENCH OPEN
US OPEN   WIMBLEDON

TEAM EVENTS

```
D A A J T A V K R Z U P Y Q G D
L I P C S B H B F I P C P L H I
V K F H E Q B K P U X B Y R R W
A Y A L Z L B U C D C O F F D J
C V Q V B H C P O Y Y W R Y J O
G N G B O R T B W G Z Y K T J P
W I X N E A Q C F P Q H L W J L
F E R V T O V C U Z G G F O P B
B U A W U W S C G S Y Y O U K F
W L B M I J N G T U N O C T E R
V C U X B A R J E Z X S Z A M E
H E M K M J P L B Q I B Q D S G
T J A P P L A H U V K F M O G J
O R O M G R M E A F Q S U E C T
J H E S Q Q N D I L H W T P G K
E U B M X I P N B I L T F D C X
```

ATP CUP
HOPMAN CUP

DAVIS CUP
LAVER CUP

9

JUNIOR ITF GRADE A EVENTS

```
T  F  K  J  S  L  I  R  N  P  T  I  X  I  W  D
J  O  D  Y  J  A  L  R  H  B  R  R  U  O  W  G
W  S  Z  B  K  Q  O  O  M  Y  O  Z  H  W  P  V
B  A  L  O  Z  R  C  F  H  S  F  J  A  N  Z  P
P  K  E  M  K  C  R  C  W  V  E  I  F  C  S  R
Y  A  S  V  S  D  G  O  W  I  O  T  N  Q  O  F
Z  M  P  S  F  B  O  P  L  P  B  D  G  T  R  D
L  A  E  D  L  B  B  A  B  A  O  K  I  B  A  P
J  Y  T  I  X  W  C  G  V  L  N  R  A  T  N  B
I  O  I  J  M  P  J  E  S  Z  F  M  X  B  G  P
V  R  T  J  D  P  Q  R  Z  U  I  N  B  L  E  S
E  S  S  R  T  P  U  D  P  M  G  D  J  T  B  X
X  C  A  N  H  X  T  A  R  X  L  F  O  Q  O  C
A  U  S  P  J  Z  B  U  U  A  I  D  S  A  W  U
U  P  N  C  B  B  R  K  Z  I  O  O  V  Y  L  X
A  W  O  X  F  T  H  J  U  V  K  A  W  Z  M  R
```

COPA GERDAU   LES PETITS AS
ORANGE BOWL   OSAKA MAYOR'S CUP
TROFEO BONFIGLIO

ASSOCIATION OF TENNIS PROFESSIONALS TOUR

```
T G Q M A D R I D O P E N 4 H N
C R O T T E R D A M O P E N E W
A U T P A V I O C 9 1 C A P B C
N K E 7 U T B P P T Q T O V F S
A L V I K 9 P B 7 N R N 2 N R 3
D 7 O 9 8 O Z F 3 9 A Z E E N Z
I 8 7 O Z V U I I I M P T M V H
A R I O O P E N L N O S S A O W
N V P V O D 8 A S I A V Z L O 5
O 4 H 8 V H T 1 M M F L F 6 2 2
P N 9 Q 8 I O A S I 3 4 S J J C
E P 7 I 6 I I I D L H C 4 Y O T
N X Q Q 0 M R 6 T N 3 Q E A 8 3
O V 4 S Z A G D 5 3 W M R E W V
O E E M P 9 3 O 9 1 O 8 O 1 3 Z
1 B 8 6 S 5 D X O U W J Y 2 D O
```

ATP FINALS
ITALIAN OPEN
MIAMI OPEN
RIO OPEN

CANADIAN OPEN
MADRID OPEN
PARIS MASTERS
ROTTERDAM OPEN

ASSOCIATION OF TENNIS PROFESSIONALS TOUR 2

```
A  Y  B  A  R  C  E  L  O  N  A  O  P  E  N  N
L  O  J  X  A  A  U  J  J  B  A  I  V  O  A  S
Q  I  X  P  F  H  J  C  U  R  S  S  I  J  M  W
O  Z  A  U  X  X  Y  L  G  N  I  Q  E  I  V  I
O  M  F  J  L  R  C  W  E  N  Y  V  N  T  H  S
S  N  N  A  L  S  O  P  N  W  N  N  N  J  U  S
U  P  H  Y  N  R  O  E  G  E  E  M  A  U  M  I
I  H  U  E  A  N  T  L  P  P  Z  A  O  T  B  N
Z  M  E  H  A  I  T  O  O  T  I  E  P  P  H  D
I  U  A  P  A  A  N  N  U  I  X  W  E  S  D  O
Q  S  A  B  Q  A  A  A  F  V  E  Y  N  F  J  O
A  J  U  K  M  C  I  C  O  P  F  Z  P  S  S  R
R  D  X  R  I  N  C  H  I  N  A  O  P  E  N  S
K  P  E  X  N  H  A  L  L  E  O  P  E  N  U  O
T  G  E  O  Z  F  K  X  N  I  W  O  A  U  G  L
V  M  A  H  A  R  A  S  H  T  R  A  O  P  E  N
```

BARCELONA OPEN	CHINA OPEN
DUBAI TENNIS	GERMAN OPEN
HALLE OPEN	JAPAN OPEN
MAHARASHTRA OPEN	MEXICAN OPEN
QUEEN'S CLUB	SWISS INDOORS
VIENNA OPEN	

ASSOCIATION OF TENNIS PROFESSIONALS TOUR 3

```
Q A T Z N E F S A W S N J B W O
G I R H O U Z P I O A S G T P P
O U O G M X J F X R N S G A T E
S X V P E S M W P E D N D M T N
X Q Q E X N C S P G E D I X E S
H D A M V O T O C P V C O E T U
G Z J T E G L I O S N W Y J T D
T K C J A I E A N E X W P J F D
F L U U R R I N P A S L U X H E
C O T O X R O O E M O C G T J F
L B T R A M L P C V M P X Y Q R
U S D V T I L X E Z A F E K D A
E Y A M S C A V N N T O S N X N
B B S A U C K L A N D O P E N C
R X R R O S M A L E N O P E N E
Y B H Q N D R X J G J M W A N M
```

ARGENTINA OPEN   AUCKLAND OPEN
BAVARIA OPEN   BRASIL OPEN
ESTORIL OPEN   GENEVA OPEN
OPEN SUD DE FRANCE   QATAR OPEN
ROSMALEN OPEN

ASSOCIATION OF TENNIS PROFESSIONALS TOUR 4

```
P  H  A  L  L  O  F  F  A  M  E  O  P  E  N  Q
L  Q  R  H  O  L  U  X  C  I  N  N  R  N  S  S
Y  Q  D  B  E  Z  H  X  N  E  E  N  E  R  T  H
W  J  S  F  L  K  X  E  P  P  E  P  H  N  O  E
L  D  N  D  K  Q  P  O  O  P  O  A  E  N  C  N
C  G  W  V  C  O  A  E  O  A  N  P  U  X  K  Z
J  Y  E  S  S  I  L  A  T  E  O  K  J  A  H  H
A  S  M  S  T  L  C  N  P  N  X  D  B  Q  O  E
Y  Q  I  A  E  R  A  O  A  S  O  R  M  Y  L  N
E  W  O  S  O  L  H  I  V  J  B  K  I  G  M  O
S  R  O  L  T  S  R  L  L  W  I  Y  C  P  O  P
C  M  L  A  I  T  D  Z  Q  L  Q  S  S  F  P  E
M  A  Y  D  S  M  J  T  S  S  H  G  X  P  E  N
M  X  E  U  F  U  A  F  T  S  N  Z  Y  W  N  P
U  W  A  S  T  U  T  T  G  A  R  T  O  P  E  N
S  H  K  R  E  M  L  I  N  C  U  P  G  R  N  Y
```

ATLANTA OPEN	AUSTRIAN OPEN
CROATIA OPEN	HALL OF FAME OPEN
KREMLIN CUP	MALLORCA OPEN
MOSELLE OPEN	SHENZHEN OPEN
STOCKHOLM OPEN	STUTTGART OPEN
SWEDISH OPEN	SWISS OPEN

BASIC TENNIS TERMS

```
A  J  T  C  A  F  W  2  N  B  E  7  F  Q  C  X
I  B  1  D  J  D  J  J  D  L  Q  0  Z  K  R  C
K  7  B  C  O  1  V  P  9  D  6  B  Q  4  O  D
X  R  Z  A  Y  D  H  A  I  G  G  R  O  4  S  O
7  X  B  C  L  X  O  K  N  D  A  E  J  N  S  U
E  4  I  A  J  L  L  U  4  T  K  A  V  B  C  B
Q  B  D  9  S  L  B  M  B  Z  A  K  4  A  O  L
J  B  2  0  A  E  X  O  O  L  R  G  L  L  U  E
O  A  L  B  B  E  L  8  Y  P  E  I  E  L  R  F
H  L  T  S  J  A  1  I  E  J  O  S  E  P  T  A
H  L  A  K  7  F  C  C  N  C  E  C  C  E  7  U
W  G  3  B  Q  L  U  K  H  E  A  F  G  R  J  L
A  I  T  5  S  E  Z  C  H  D  M  U  4  S  H  T
D  R  V  E  D  0  0  O  6  A  W  F  Q  O  D  I
1  L  B  R  E  A  K  P  O  I  N  T  S  N  F  J
9  7  5  D  R  O  P  S  H  O  T  D  O  W  F  5
```

ACE   ADVANTAGE
BACKHAND   BALLBOY
BALLGIRL   BALLKID
BALLPERSON   BASELINE
BREAK   BREAK POINT
CROSSCOURT   DEUCE
DOUBLE FAULT   DOUBLES
DROP SHOT

BASIC TENNIS TERMS 2

```
P  Z  N  O  M  L  G  L  I  N  E  J  U  D  G  E
M  X  S  Z  E  O  O  G  B  U  Y  S  K  G  S  W
I  F  I  V  G  B  G  F  O  Z  Q  C  G  R  F  F
X  M  O  G  W  P  K  U  O  Y  W  U  A  O  A  K
E  L  A  R  A  C  Q  U  E  T  H  L  M  U  U  G
D  R  A  T  E  V  Z  A  V  O  T  Y  E  N  L  R
D  Z  A  I  C  H  K  B  M  B  P  G  P  D  T  A
O  X  C  C  P  H  A  L  C  H  S  W  O  S  R  N
U  C  J  C  K  K  P  N  T  A  F  A  I  T  P  D
B  T  N  O  K  E  O  O  D  T  H  M  N  R  I  S
L  R  Q  E  G  S  T  L  I  O  C  B  T  O  R  L
E  Z  Q  D  T  A  C  P  G  N  K  O  O  K  C  A
S  U  N  D  H  N  M  N  L  B  T  T  U  E  F  M
F  D  Z  T  K  C  I  E  Y  A  E  Q  V  M  N  G
M  D  P  A  X  S  C  W  R  L  Q  Q  Z  D  R  P
N  O  C  T  Z  Q  H  L  P  K  W  B  F  F  Y  E
```

GRAND SLAM   FAULT
FOREHAND   GAME
GAME POINT   GROUNDSTROKE
LET   LINE JUDGE
LOB   LOVE
MATCH POINT   MIXED DOUBLES
NET   RACKET
RACQUET

BASIC TENNIS TERMS 3

```
T V O S T Z J I M R N U V Q L Z
Z L J U E I K O J K E M M G E Y
A W W L N T E Y R D L W D O I L
W M T V O R P B S D X X B E V R
O R A Z I T T O R S S D N E A K
N E C A V K C V I E W J O U M M
A C C I L V T O H N A L F M S Y
O E G R C E S L F T T K A P D X
I I W R A K B L G J V V E I V D
Q V H E B L U E S R C B H R J Q
Y E G T V R L Y S A H S R E G W
B R X U C A A Y E E J H E B L H
G I T R Y Y K S R H H E H T P G
T C I N E M S U V D L H X U N B
D R W R Z T Z Q E I X N W J E Q
Z L O A N V U F V I K B L W H Z
```

RALLY   RECEIVER
RETURN   SERVE
SET   SET POINT
TIEBREAKER   UMPIRE
VOLLEY

ALL TENNIS TERMS

```
A A L L C O M E R S 0 X 9 T A J
A Y I E 6 9 2 A G L P 9 E T 3 H
L A 7 5 6 7 4 0 L V 4 S R Z R I
L D J T M 5 N A E 3 E U 5 W 1 6
C V X R F A W N W O X 3 N 9 T
O A Z A 1 4 T T A C N J F K U 9
U N L 7 D G G T L R T 5 G T D G
R T V T K Q N L T 6 3 F E 9 B N
T A V I E A A A P P R O A C H A
E G A Y V R S 2 I A C T I O N D
R E Z D Y G N K S W Y I C F 4 I
2 Z A E C D B A C K C O U R T N
F M L 6 5 O U G T A D O U T P I
N L 3 B U D U 6 A E 2 V R G A H
A A L L C O U R T G A M E B C 6
H 9 7 J F V W Z T C 0 B I Q E W
```

ACE	ACTION
AD COURT	AD IN
AD OUT	ADVANTAGE
ADVANTAGE SET	ALL
ALL COMERS	ALL COURT
ALL COURTER	ALLEY
ALTERNATE	BACKCOURT
ALL COURT GAME	APPROACH

ALL TENNIS TERMS 2

```
F A B S B B B N B N I E R W H L
Q J A B O R A A V I H G N R X T
W Y N B W X E S C W G V X P T F
N L A S B B W A E K V S O Z P W
I H N L I R W K L S D E G Q N
B G A S O S M E R B I W F R B T
N Y F P C Q X S A K A N I R V H
B L O C K U D Z L D R C E N F E
H E R G E E X L L T S G K R G T
I Q E F D L A B A L L T O S S M
U C H E S B X K O G P C I N T K
I S A D H A J L P U G X F C Z D
E Y N C O T M O Q H N H A T K H
E Y D U T B A L L M A C H I N E
M D W P X D O U S M G O E T B X
S J X C B A L L G I R L O X Q P
```

BACKSWING   BALL MACHINE
BALL TOSS   BASELINER
BIG SERVE   BISQUE
BLOCK   BOUNCE
BREADSTICK   BREAK BACK
FED CUP   BALL GIRL
BALLKID   BANANA FOREHAND
BLOCKED SHOT

ALL TENNIS TERMS 3

```
H O M Z Y Z Q T R X C H O P U P
N A U M G Z W H R B C N C C H N
Y L C N M M K E C U C A A H C N
M C I A A X K F S G E S N A H D
X C H I R A J H J G N B N L A B
M B A I E V S E Y Y T R O L L U
P P U R P B E W Q W R U N E L N
E L B M E A O O X H E T B N E T
C A N O P E N E R I M A A G N B
M A W N Y E R D I P A L L E G B
O Q C A L C R S C U R I L R E O
S B R M Y J A G L H K S P O T C
C I O Z V P I L U A A E A U H N
Y Q A H K X X Y L A M R I N D Y
C H A N G E O V E R R N G D N E
V B R E A K P O I N T D J E T O
```

BREAK POINT	BREAKER
BRUTALISER	BUGGY WHIP
BUMPER GUARD	BUNT
CALL	CAN OPENER
CANNONBALL	CARVE
CENTRE MARK	CHALLENGE
CHALLENGE ROUND	CHALLENGER
CHANGE OVER	CHIP AND CHARGE
CHOP	CAREER SLAM

ALL TENNIS TERMS 4

```
U Y C L A Y C O U R T E R O U C
N C L A Y C O U R T K S S N E L
V N D E C I D I N G P O I N T A
C N Z B Q L D E A D N E T L T Y
L D E U C E A K G T S K F O I C
A G H T W A V Y P U U Y H P T O
Y U K E O I C Q C R E S Z R U U
C C I H R S D T E O P U U Q Q R
O D A M P E N E R E U O G F Z T
U N O O U X X C E O C R D N P E
R X I E J S N D H E D X T P M R
T D E A D N E T C O R D E T B N
E J M V A T F U C M L C R R S H
R V C L O S E D S T A N C E U E
P C V G P D H L V V X G S Q N S
S W V O A Z T C R O S S O V E R
```

CLOSED STANCE   CROSS OVER
DAMPENER   DEAD NET
DECIDING POINT   DEEP SHOT
DEUCE   DEUCE COURT
CLAY COURTER   CLAYCOURT
DEAD NET CORD

ALL TENNIS TERMS 5

```
S  U  C  C  S  W  I  N  G  V  O  L  L  E  Y  R
L  D  V  M  D  O  U  B  L  E  S  K  O  W  G  D
D  O  D  H  D  O  U  B  L  E  H  A  N  D  E  R
R  W  B  O  M  E  R  R  O  R  X  O  K  I  T  K
O  N  D  D  U  Q  H  P  N  B  Y  A  D  R  T  D
P  T  M  R  H  B  T  X  W  D  E  W  R  T  C  O
A  H  D  L  O  O  L  R  S  R  V  M  I  B  N  U
K  E  A  I  T  P  E  E  B  A  V  R  V  A  I  B
Z  L  G  K  N  P  V  E  S  W  S  S  E  L  D  L
E  I  D  C  P  K  L  O  N  N  Z  P  V  L  R  E
R  N  R  O  U  B  Z  P  L  P  E  Q  O  E  I  B
H  E  R  Z  U  E  V  X  Z  L  Z  T  L  R  V  R
A  D  U  O  T  J  L  Y  D  K  E  X  L  V  E  E
F  R  D  J  D  V  Q  B  I  I  G  Y  E  T  O  A
P  G  O  X  D  R  I  I  O  S  G  K  Y  E  F  K
K  U  D  C  S  N  L  B  P  W  W  X  C  L  D  U
```

DIG	DINK
DIRTBALLER	DOUBLES
DOUBLES NET	DOWN THE LINE
DRAW	DRIVE
DROP	DROP VOLLEY
ELBOW	ERROR
DOUBLE BREAK	DOUBLE HANDER
DRIVE VOLLEY	DROPPER
SWING VOLLEY	

ALL TENNIS TERMS 6

```
B W O O D S H O T F F B X R K O
L S Y F H F M F R A M E S H O T
U E O O F N C E R A X G P V P Q
V X M R U O G L B Z O Y A T U D
O H F C T C D O R Z F Y E M M P
D I O E U T X I J E R H G A E W
F B O D R F R Y X R A W T B B K
L I T E E C U J E P M E B C W H
A T F R S T P N S E E I B P G F
T I A R G R I F I F R W B F R M
S O U O V L E E A C H Y S D U A
H N L R T M D E E U L K E S Z T
O M T A A T Y V J J L N T X Q C
T D L G B N I Y W J I T K W Z H
U F P H C F F O O T F A U L T Q
C T K P F I R S T S E R V E T B
```

EXHIBITION	FAULT
FIRST SERVE	FIVE
FLATLINER	FORCED ERROR
FRAME SHOT	FRY
FUTURES	GAME
FLAT SHOT	FOOTFAULT
FRAME	MATCH
SET	WOOD SHOT

ALL TENNIS TERMS 7

```
G  V  R  G  R  A  S  S  C  O  U  R  T  E  R  J
G  S  H  A  I  L  M  A  R  Y  P  K  F  B  K  G
R  H  A  R  D  C  O  U  R  T  E  R  W  M  D  R
O  A  H  A  C  K  E  R  B  A  N  N  I  V  T  A
M  R  D  Q  V  N  C  U  D  K  T  G  H  K  T  S
M  D  Q  A  C  Z  U  G  O  A  T  E  A  G  U  S
E  C  C  H  W  R  V  G  T  W  V  T  R  R  G  C
T  O  Y  N  E  U  C  R  V  M  H  T  D  A  R  O
S  U  O  L  M  A  U  I  A  A  X  N  C  S  O  U
T  R  V  L  V  O  D  N  M  Y  V  V  O  S  U  R
R  T  V  A  C  E  R  D  G  X  A  A  U  C  N  T
I  E  D  F  T  E  I  I  F  R  G  W  R  O  D  E
P  R  L  T  S  H  Q  N  Z  T  T  N  T  U  I  R
S  A  K  U  I  D  A  G  X  E  M  L  R  R  E  G
H  A  W  K  E  Y  E  L  I  V  E  F  H  T  D  M
B  Z  N  D  H  A  R  D  C  O  U  R  T  E  R  M
```

GOAT	GET
GRINDING	GROMMET STRIP
GROUNDIE	HACKER
HAIL MARY	HALF COURT
HAWK EYE LIVE	HEAD
GRASS COURT	GRASS COURTER
HARD COURT	HARD COURTER

ALL TENNIS TERMS 8

```
H  I  T  T  I  N  G  P  A  R  T  N  E  R  Z  B
B  J  Y  U  B  T  G  V  I  U  U  W  N  L  D  B
H  U  Y  J  E  J  F  T  K  O  B  I  X  A  N  H
A  N  O  J  R  H  M  E  W  H  E  L  E  I  S  I
Q  K  R  U  K  P  O  B  N  D  G  H  P  I  V  T
G  B  D  N  C  J  I  L  I  T  T  I  N  C  U  A
Y  A  H  I  J  F  A  S  D  E  R  N  I  O  S  N
U  L  I  O  C  U  N  M  K  R  E  Y  E  U  W  D
H  L  Q  R  L  I  N  C  M  T  P  D  T  S  N  G
E  E  O  E  U  D  A  K  N  I  I  B  W  B  P  I
A  R  J  X  P  R  S  W  B  S  N  S  A  U  C  G
V  I  L  E  A  K  A  E  N  A  L  G  K  A  V  G
Y  W  R  M  G  L  J  I  R  K  L  C  O  P  S  L
F  U  C  P  A  A  W  N  Q  V  O  L  U  X  P  E
Y  N  C  T  L  M  P  I  G  N  E  F  T  A  R  B
E  V  P  W  R  J  U  N  K  B  A  L  L  E  R  A
```

HEAVY	HIT AND GIGGLE
HITTING PARTNER	HOLD
IPIN	ITF ENTRY
INSIDE IN	INSIDE OUT
JE	JAMMING
JUNIOR EXEMPT	JUNK BALL
KNOCK UP	LAWN TENNIS
HOLD SERVE	JUNKBALLER
RACKET HEAD	

ALL TENNIS TERMS 9

```
L  I  P  M  O  L  B  L  Y  V  F  M  P  Z  C  O
O  V  M  I  I  B  I  X  O  L  Q  T  L  T  S  J
V  G  T  L  L  N  G  N  G  V  I  Y  M  J  Y  N
E  L  J  I  O  Y  I  O  E  H  E  Z  T  S  Y  B
G  I  M  N  B  L  J  B  S  U  C  H  L  L  H  L
A  N  O  E  V  I  E  I  R  L  M  D  O  O  F  C
M  E  O  S  O  M  M  T  L  E  A  P  Y  L  N  G
E  S  N  M  L  B  G  A  C  D  A  B  I  G  D  G
X  W  B  A  L  Z  C  X  L  H  A  K  E  R  V  R
D  O  A  N  E  B  Y  S  C  E  E  L  S  N  E  J
D  M  L  N  Y  Q  M  K  D  X  A  C  D  R  E  A
A  A  L  C  M  I  N  I  H  O  L  D  K  U  C  R
W  N  C  Z  M  T  U  Z  S  M  K  T  O  T  E  I
R  C  H  M  E  X  F  D  H  H  N  S  P  B  B  I
V  C  S  L  C  R  K  U  Z  X  I  I  V  O  S  R
J  C  W  M  O  P  Q  J  N  Q  M  T  X  E  N  T
```

LET	LET CHECK
LOB VOLLEY	LONG
LOVE GAME	LOVE HOLD
MIPTC	MOP
MINI BREAK	MINI HOLD
MOONBALL	CALL
LINE UMPIRE	LINESMAN
LINESWOMAN	MISHIT

ALL TENNIS TERMS 10

```
B  I  R  O  O  R  D  E  R  O  F  P  L  A  Y  F
K  U  N  J  N  T  O  P  E  N  S  T  A  N  C  E
I  O  S  E  U  S  U  N  E  T  P  O  S  T  S  J
N  G  I  O  T  B  E  P  D  D  E  B  N  D  T  Y
T  G  T  W  O  C  S  R  N  E  T  P  O  I  N  T
O  E  O  J  Z  L  O  E  V  Y  U  D  P  X  L  P
N  P  A  O  S  Q  B  R  F  E  W  J  Y  N  U  K
V  G  L  I  W  Y  H  S  D  S  L  Q  O  T  Z  D
Y  M  A  I  N  D  R  A  W  B  E  C  O  R  N  H
O  N  E  H  A  N  D  E  R  Q  P  N  B  P  E  X
U  G  B  N  O  M  A  N  S  L  A  N  D  R  W  Q
K  H  N  E  T  S  T  I  C  K  S  J  Y  A  B  L
H  O  T  A  Z  K  T  R  R  N  D  M  T  A  J
Q  I  X  B  Q  U  F  M  K  R  E  B  D  I  L  V
C  S  U  N  O  M  T  P  C  C  A  T  B  N  L  R
K  Y  O  N  E  T  W  O  P  U  N  C  H  G  S  E
```

MAIN DRAW	NTRP RATING
NET	NET CORD
NET OUT	NET POINT
NET POSTS	NET STICKS
NEW BALLS	NO MAN'S LAND
NOT UP	ON SERVE
ONE TWO PUNCH	OPEN STANCE
ORDER OF PLAY	OUT
ONE HANDER	

ALL TENNIS TERMS 11

```
O  O  S  B  P  P  K  L  S  O  E  H  P  P  V  P
L  L  I  X  F  A  U  N  V  L  L  G  O  O  N  O
O  C  U  U  L  O  S  L  U  G  W  F  A  V  V  O
V  Y  T  F  P  H  V  S  P  K  K  F  C  E  P  V
E  Y  N  D  C  Q  K  E  I  C  P  Z  H  R  P  E
R  V  E  A  G  U  Z  P  R  N  Q  E  I  W  O  R
R  H  O  J  O  A  A  U  U  G  G  G  N  R  B  H
U  P  V  M  O  L  P  J  P  T  R  S  G  A  G  E
L  X  J  E  M  I  I  A  E  A  A  I  H  P  L  A
E  O  E  M  H  E  N  D  T  C  S  W  P  O  K  D
X  I  J  I  I  S  G  E  N  J  G  S  A  P  T  E
M  K  H  J  D  W  I  X  A  Q  Y  N  A  Y  B  C
A  K  P  U  L  L  T  H  E  T  R  I  G  G  E  R
T  P  O  I  N  T  P  E  N  A  L  T  Y  J  O  M
Y  A  S  P  R  E  Q  U  A  L  I  F  Y  I  N  G
T  G  O  P  A  I  N  T  T  H  E  L  I  N  E  S
```

OVERGRIP   OVERHEAD
OVERRULE   PAINT THE LINES
PASS   PING IT
POACHING   POINT PENALTY
PRE QUALIFYING   PULL THE TRIGGER
PULP   PUTAWAY
QUALIES   OVERWRAP
PASSING SHOT   POACH

ALL TENNIS TERMS 12

```
Y  D  C  R  A  C  Q  U  E  T  A  B  U  S  E  G
O  Q  R  A  N  K  I  N  G  S  X  T  N  X  R  V
C  O  U  R  T  T  E  N  N  I  S  Y  C  F  E  R
R  R  R  A  R  O  U  N  D  R  O  B  I  N  C  A
O  J  N  I  L  N  Q  Q  X  E  T  Z  X  R  E  C
Y  B  S  G  S  I  P  D  A  T  N  N  O  E  I  K
A  S  R  T  R  I  F  Q  U  U  Z  J  H  T  V  E
L  B  W  A  H  U  N  I  U  R  S  C  R  R  E  T
T  A  R  K  T  X  B  G  E  N  H  K  C  I  R  A
E  G  U  E  L  I  V  B  S  R  A  U  P  E  V  B
N  J  Z  E  Z  Y  N  X  E  H  Q  U  W  V  R  U
N  Z  M  Z  T  D  U  G  G  R  O  L  Z  E  E  S
I  U  Q  K  C  X  B  Q  Q  H  M  T  Q  R  S  E
S  O  M  K  X  R  A  C  Q  U  E  T  D  X  T  O
V  R  P  K  U  R  E  T  U  R  N  A  C  E  X  K
R  S  Q  U  A  L  I  F  Y  I  N  G  D  R  A  W
```

QUALIFIER	QUALIFYING DRAW
RR	RACKET ABUSE
RANKINGS	RATING
RECEIVER	RETRIEVER
RETURN	RETURN ACE
RISING SHOT	ROUND ROBIN
RUBBER	COURT TENNIS
RACQUET	RACQUET ABUSE
ROYAL TENNIS	

ALL TENNIS TERMS 13

```
N Z S E R V I C E B O X H A R R
I S C R A T C H P Q N E A U B F
S E R V I C E L I N E S V S V L
B U X U J V L B C H W E S E O S
K G B R S S M X S K C E E C S E
S H S K M H A V E V B D C O E R
H E A E F A I X E A Q I O N R V
O S T O T N F L D E S N N D V I
T E E V W K Y N C N E G D S I C
C R L T V Y V I Q W T P S N C E
L V L P G B V V X P P V E A E C
O E I I D R G Q I P O E R P G O
C O T Y E C A O H T I L V C A U
K U E S K A J Z Z J N A E F M R
D T A N G K F V F R T U O X E T
M D U D T S H A L L O W D P N G
```

SATELLITE
SECOND SERVE
SEED
SERVICE BOX
SERVICE LINE
SET POINT
SHANK
SEEDING
SERVICE COURT

SCRATCH
SECOND SNAP
SERVE OUT
SERVICE GAME
SET
SHALLOW
SHOT CLOCK
SERVICE

ALL TENNIS TERMS 14

```
Z  S  I  N  G  L  E  S  S  T  I  C  K  S  R  D
Q  S  T  I  C  K  V  O  L  L  E  Y  I  E  W  L
S  S  A  Z  A  J  N  T  O  J  P  Q  T  P  O  M
P  I  A  X  W  J  A  O  S  T  R  T  C  K  I  S
O  N  M  F  Y  U  J  M  B  T  I  Z  C  S  S  L
T  G  S  P  A  N  K  B  O  S  A  Z  V  E  I  E
S  L  S  Z  S  K  B  H  L  K  D  N  C  U  N  D
E  E  F  T  Z  P  S  C  O  H  P  I  C  G  G  G
R  S  P  S  I  H  I  O  A  E  L  T  S  E  L  E
V  N  U  Y  S  F  H  N  T  S  P  B  C  E  E  H
I  E  T  A  Q  Y  F  S  A  L  B  L  Z  Z  H  A
N  T  U  C  K  A  T  N  H  P  X  M  J  W  A  M
G  Q  N  S  G  I  H  I  E  A  I  B  T  D  N  M
S  B  L  Q  L  R  C  T  T  S  H  F  Q  F  D  E
Y  T  Z  P  F  V  S  C  G  U  S  L  Q  V  E  R
Z  H  S  S  P  O  T  S  E  R  V  E  R  D  R  T
```

SE	SINGLES NET
SINGLES STICKS	SITTER
SKYHOOK	SLEDGEHAMMER
SLICE	SPANK
SPIN	SPLIT STEP
SPOT SERVING	SQUASH SHOT
STANCE	STICK VOLLEY
STIFFNESS	SINGLE HANDER
SPOT SERVER	

ALL TENNIS TERMS 15

```
Q  D  U  K  M  C  T  E  N  N  I  S  D  A  D  Z
S  S  T  R  A  I  G  H  T  S  E  T  S  H  E  E
T  S  T  R  I  N  G  B  E  D  C  Q  C  C  K  F
O  F  O  L  S  H  X  Z  G  S  U  A  B  O  O  X
P  X  E  M  T  W  B  W  I  I  O  C  R  D  T  S
P  I  M  P  O  W  E  T  K  C  H  T  J  K  E  W
E  S  V  T  U  T  Q  E  R  C  S  T  T  L  N  I
R  T  B  O  C  I  Q  E  T  N  Y  A  Y  T  N  N
M  O  K  S  H  E  P  T  N  S  G  N  K  A  I  G
W  P  M  S  X  U  G  J  A  L  P  K  R  P  S  V
Y  V  J  M  S  S  F  T  V  N  R  O  F  E  B  O
L  O  Q  U  T  X  U  W  T  G  K  C  T  I  U  L
M  L  Z  H  W  P  L  E  K  D  U  I  A  T  B  L
Z  L  G  V  Z  L  G  O  E  E  J  E  N  C  B  E
O  E  S  T  R  I  N  G  S  A  V  E  R  G  L  Y
Z  Y  Q  O  D  B  O  W  N  A  K  X  S  P  E  G
```

STOP VOLLEY	STOPPER
STRAIGHT SETS	STRING SAVER
STRINGBED	STROKE
SUPERCOACH	SWEETSPOT
SWING VOLLEY	TANKING
TAPE IT	TENNIS BUBBLE
TENNIS DAD	TIE
TOSS	TOUCH
TANK	

ALL TENNIS TERMS 16

```
W T R A M P O L I N I N G I J O
A G O S W Z E S R Q H B P W M U
D E B A H G Z J Y P O L R S G N
V C Q I G D E L K X T E L A C D
O H D G O I L I R U D Q I B H E
X G A L N I P E C N O N S A A R
F W U E W P D F A H G S T T I S
K G E N U N Y H T P A H R W R P
D W A A A N E U Z P N T A E U I
T R R H E L C I L I Y U M E M N
G O O E B R O L P C W B L N P B
U W W U E L A S L S P E I I I C
T T O D F B K X C U P O N E R E
G D N Y O C C Y X P T K E J E S
E U Z W A Y Q L P L V L W L R P
U T T B T W I S T S E R V E T T
```

GRAN WILLY	SABATWEENIE
TRAMLINE	TRAMPOLINING
TUBE	TWIST SERVE
TWO BALL PASS	UNDERSPIN
BACKSPIN	CHAIR UMPIRE
DOUBLE HANDER	HOT DOG
TWEENIE	TWEENY
TWO HANDER	UNDERCUT

ALL TENNIS TERMS 17

```
K  G  E  N  D  H  S  J  S  Q  D  Q  S  M  J  X
D  Z  W  R  O  N  G  F  O  O  T  H  E  C  N  C
S  U  A  W  V  C  W  R  E  X  Q  R  C  E  W  X
V  N  A  P  C  W  S  I  A  E  B  V  Y  T  G  J
T  S  D  V  Q  T  I  N  V  H  W  J  N  X  D  R
S  E  M  X  A  L  H  D  A  E  R  Z  Y  T  E  L
X  E  S  V  H  S  L  U  E  E  V  Y  X  N  B  K
J  D  G  C  A  E  S  L  L  E  E  I  N  C  I  T
T  E  W  F  D  N  I  S  G  H  S  I  N  A  O  A
N  D  O  M  Y  T  T  B  U  B  W  Q  T  H  P  D
L  P  T  Y  F  F  E  A  P  P  O  S  S  T  F  I
O  L  W  H  I  F  F  A  G  Z  S  D  D  L  S  V
C  A  V  T  Y  G  M  D  E  E  O  E  J  A  T  Q
P  Y  R  Y  P  R  R  T  V  O  D  I  T  Z  J  W
G  E  D  Y  J  W  H  U  W  I  R  E  C  T  A  W
J  R  C  W  E  S  T  E  R  N  G  R  I  P  O  G
```

UNSEEDED PLAYER	UPSET
VASSS	VANTAGE
WC	WCT
WESTERN GRIP	WHIFF
WIDE	WINNER
WOOD SHOT	WRONG FOOT

#1. WINTER

```
Q E P I T W X P S J O H O P L P
S T G L I E L N Y W W Y Q L I X
T B W M C G E A R X R H D A X G
S Y H I M T B E X A W L A D D I
S D X L T O T S U Q O F S A J Z
I X E I E N E N Z C X U N H Y S
V S M C I S A X E U F Q O F P Y
B C N W E J N K V Y R T W R B M
O M G O X M A O R U O O F E J V
C F S J W L B A W S O L E M B
T S F S F M U E Q M T A A Z A K
A M P W C R A U R S A B K I B P
L M O V B A B N K S A N E N O Z
M N K E W D R G L O V E S G O E
S W F T T M J F L G Y M Z B T S
S P L G F R E E Z I N G P U S A
```

BOOTS

COLD

DECEMBER

FEBRUARY

FREEZING

FROST

GLOVES

ICE

JANUARY

MITTENS

SNOWFLAKE

SCARF

SNOWFLAKES

SNOWMAN

WINTER

#2. SUMMER

```
E  P  S  U  N  G  L  A  S  S  E  S  U  K  V  T
F  K  J  Q  T  P  A  B  D  I  Y  D  W  K  S  F
L  W  J  N  K  Z  F  E  J  C  R  W  T  W  U  D
I  U  K  V  F  D  S  A  B  E  I  O  N  Y  M  O
P  C  Z  V  I  T  U  C  A  C  G  I  W  P  M  S
F  K  Z  E  Y  S  N  H  R  R  P  V  K  L  E  U
L  S  H  O  R  T  S  A  B  E  S  O  X  F  R  N
O  P  U  O  P  F  C  L  E  A  S  S  O  P  G  S
P  R  H  H  E  M  R  W  C  M  W  S  Y  L  Y  H
S  I  P  Y  G  B  E  E  U  I  I  I  M  Y  K  I
N  N  O  E  P  R  E  A  E  O  M  C  F  D  Q  N
W  K  M  H  N  Y  N  V  Q  L  S  U  J  C  H  E
K  L  N  L  D  T  Z  M  C  G  U  V  J  O  K  P
A  E  V  A  C  A  T  I  O  N  I  C  B  B  Z  A
Y  R  G  G  H  L  P  H  O  T  T  W  G  R  K  G
P  I  C  N  I  C  L  L  O  R  V  I  X  S  P  Y
```

BARBECUE	BEACH
FLIP FLOPS	HOT
ICE CREAM	PICNIC
POOL	SHORTS
SPRINKLER	SUMMER
SUNGLASSES	SUNSCREEN
SUNSHINE	SWIMSUIT
VACATION	

#3. SPRING

```
Y D E U L F H R R A I N B O W B
X V Z A B W Z T R F C I Z B W X
N E I J S U N T W A L H M A S Z
R Y Y X I T T C S M Y O I V G M
O G H A T E E T E X H J W C O M
Q E A G L A I R E P P C I E K V
K H P T A P H W D R E W N F R K
M K F N M C F S S Z F F L E Y S
E P K J M N R O S P Y L L B N Y
O X C O E E M O P Z V D Y X T P
E K O E W E Z R K D D G C Y Y A
Q L R O C K G K X U N E S G G D
B G H L Y C O G P L E G F U J Q
A S S P R I N G S I S C B W M S
Q V P A S S O V E R T Q C O F W
V W T F C R T B U N N Y P I J X
```

EASTER   SPRING
BLOOM   BUNNY
BUTTERFLY   CHICK
EGGS   FLOWERS
GREEN   NEST
PASSOVER   PUDDLE
RAINBOW   SEEDS
SHOWERS

#4. AUTUMN

```
I  N  B  O  N  F  I  R  E  J  E  U  K  I  Z  G
T  Q  A  S  U  N  F  L  O  W  E  R  I  R  U  B
G  A  B  X  Q  C  L  R  O  F  O  A  C  I  I  M
K  P  O  Q  L  F  E  Q  L  O  N  K  O  A  N  F
H  Q  O  A  E  T  O  O  D  R  M  E  R  W  O  A
M  D  T  K  A  V  G  O  E  G  L  P  N  I  V  F
Y  Z  S  E  V  K  L  B  T  M  S  H  A  A  E  D
K  Z  W  J  E  H  O  R  G  B  O  H  C  P  M  C
R  S  C  N  S  T  U  W  T  M  A  L  O  P  B  K
E  J  R  A  C  K  U  L  R  K  E  L  Z  L  E  F
T  Z  W  O  R  H  A  R  V  E  S  T  L  E  R  K
J  H  X  D  C  N  P  U  M  P  K  I  N  S  M  K
O  V  X  Z  T  Y  I  B  Q  O  A  U  T  U  M  N
J  K  P  S  E  T  O  V  P  C  E  L  O  M  G  J
K  Y  U  E  C  P  D  U  A  M  E  F  H  T  C  N
R  L  W  F  S  A  Q  M  L  L  L  J  F  A  B  T
```

APPLES	AUTUMN
BONFIRE	BOOTS
CARNIVAL	CORN
FOOTBALL	HARVEST
LEAVES	NOVEMBER
OCTOBER	PUMPKIN
RAKE	SUNFLOWER
SWEATER	

#5. COUNTRIES

```
B P T C D S I W K M X L X Y P N
H Z S Q O M E X I C O G A T I L
M U F R A N C E W W A W H A U H
U O W U A I Y X C Q R I P E X F
N A R P Y B K G K O W S L D C B
I Z U O R B S I N R V I A F M X
T S B S C U S S T N Z J Y U D L
E V R E T C S U B A G E Y N B D
D V K A G R O S R E L X Q Z P S
K X S P C E A B I I L Y K M D C
I U M L A F R L L A O G T S Z N
N C X Y N D J M I O W J I P Z O
G B O R A H L C A A C T Y U F N
D E Y L D W D A P N R F U K M T
O W B Q A C W I S W Y Y C R X B
M F V N E T H E R L A N D S F L
```

AUSTRALIA	BELGIUM
BRAZIL	CANADA
FRANCE	GERMANY
ITALY	MEXICO
MOROCCO	NETHERLANDS
NORWAY	RUSSIA
SPAIN	UNITED KINGDOM
USA	

#6. WORLD CITIES

```
L  X  C  O  Z  I  N  E  W  Y  O  R  K  Z  F  O
K  P  C  A  J  X  N  A  T  W  C  Y  O  M  E  G
D  H  U  S  M  I  C  I  Y  D  N  V  V  T  M  Z
D  G  K  U  L  O  U  A  L  R  I  S  E  B  A  A
U  P  C  R  S  W  S  A  I  O  O  K  U  T  L  T
B  Z  E  I  S  Y  F  C  O  R  U  M  R  M  M  Y
L  B  X  I  K  V  H  Y  O  H  O  A  E  W  J  O
I  P  A  R  I  S  K  A  N  W  K  U  T  Q  Y  E
N  L  F  T  H  O  K  L  R  A  N  E  W  K  H  M
I  A  U  E  T  L  K  C  J  W  C  M  O  N  E  Z
Y  N  H  L  J  S  Z  A  K  L  K  T  O  U  M  G
K  K  A  H  Y  Y  L  I  M  A  P  D  U  I  H  P
W  A  A  I  E  D  H  D  R  O  N  P  A  T  E  Y
G  R  S  F  N  N  D  W  F  O  H  B  E  Z  N  O
Z  A  X  T  I  E  M  Z  L  G  U  H  D  K  B  W
R  X  W  E  Y  Y  O  R  D  D  S  I  J  U  M  M
```

ANKARA	BERLIN
CAIRO	DUBAI
DUBLIN	JAKARTA
LIMA	LONDON
MOSCOW	NEW YORK
PARIS	ROME
SYDNEY	TOKYO

#7. FOOD AND DRINK

```
D  J  W  Z  I  B  L  V  H  S  O  D  A  D  E  R
D  M  S  P  A  G  H  E  T  T  I  X  A  O  A  Y
H  I  D  G  J  V  G  A  U  S  S  L  G  F  M  C
W  H  N  T  D  F  A  L  C  B  A  O  B  O  P  K
E  I  E  N  B  S  V  R  Z  S  D  R  J  A  S  M
Z  U  J  Q  E  A  W  U  V  A  R  G  E  H  M  R
H  J  J  U  T  R  G  T  C  Y  O  V  X  P  I  N
S  X  N  F  N  X  R  O  H  I  V  R  H  X  L  G
C  V  B  F  S  U  V  Q  B  E  E  F  A  Z  K  P
H  U  I  R  G  A  I  C  Y  R  K  H  M  N  F  T
I  R  R  O  E  R  B  O  W  O  E  E  B  N  G  M
C  J  Y  N  T  A  Z  F  R  K  T  G  U  J  S  E
K  A  A  V  B  D  D  F  A  G  D  G  R  Z  R  C
E  O  C  O  O  K  I  E  S  M  A  S  G  R  I  S
N  Z  E  H  Y  M  W  E  M  R  F  P  E  Z  K  W
Q  V  S  I  A  G  K  F  X  J  U  T  R  Q  K  F
```

AVOCADO	BEEF
BREAD	CHICKEN
COFFEE	COOKIES
DINNER	EGGS
HAMBURGER	MILK
ORANGE	SALAD
SODA	SPAGHETTI
YOGURT	

#8. ANIMALS

```
Y  S  A  C  T  E  D  A  K  Y  H  O  N  F  Z  B
U  V  G  X  S  H  L  V  U  E  F  B  S  N  U  A
V  L  I  R  D  A  K  K  U  W  M  S  H  P  M  O
S  E  O  D  O  C  I  C  O  U  B  A  H  I  G  O
U  H  R  K  B  D  T  C  L  N  T  I  L  V  E  O
M  D  W  A  F  T  T  W  D  E  V  C  N  D  L  I
L  Z  N  T  J  Y  E  F  E  U  X  C  A  M  E  L
N  R  N  X  E  Y  N  H  B  L  Z  S  N  D  P  K
G  Q  C  K  B  J  C  V  V  L  E  O  M  P  H  G
N  B  N  A  E  B  E  A  R  C  I  O  L  O  A  A
Y  O  L  S  H  X  U  C  R  L  J  I  P  Y  N  Z
M  R  Z  J  A  I  G  G  N  T  A  P  M  A  T  J
G  Z  E  J  C  D  P  E  P  A  N  D  A  N  R  R
Z  X  B  K  G  X  Y  P  L  T  L  S  M  L  I  D
K  O  R  C  B  R  S  V  O  Y  V  Y  C  P  T  N
U  G  A  F  G  O  R  I  L  L  A  Q  F  M  G  X
```

BEAR	CAMEL
CHEETAH	COW
ELEPHANT	GORILLA
HIPPO	HORSE
KITTEN	KOALA
LEOPARD	LION
MONKEY	PANDA
ZEBRA	

#9. SPORTS

```
Y  Z  V  U  M  O  K  P  O  C  X  O  O  K  H  E
Z  J  B  X  I  B  A  S  K  E  T  B  A  L  L  R
Z  K  U  O  L  A  R  C  H  E  R  Y  U  B  W  R
S  B  G  D  X  B  W  Z  L  H  R  H  V  O  V  G
X  M  L  S  O  I  R  G  P  I  E  X  R  Y  F  K
L  A  X  D  T  V  N  K  M  Q  L  X  U  X  L  J
Q  P  K  M  J  E  L  G  J  O  Y  O  N  G  Q  D
O  H  B  G  I  Q  N  C  O  E  D  O  N  Q  S  K
H  M  O  A  M  N  Z  N  K  O  T  S  I  E  W  A
G  W  Z  D  S  L  Q  C  I  I  N  Y  N  D  I  R
C  P  O  G  B  E  O  I  H  S  G  Y  G  K  M  A
Z  J  O  S  B  H  B  E  T  P  E  O  U  W  M  T
U  A  F  O  O  T  B  A  L  L  H  H  L  H  I  E
V  O  L  L  E  Y  B  A  L  L  L  B  K  F  N  U
H  W  R  E  S  L  I  N  G  L  I  Q  N  U  G  W
U  R  E  X  R  S  C  Y  C  L  I  N  G  C  D  G
```

ARCHERY	BASEBALL
BASKETBALL	BOXING
CYCLING	FOOTBALL
GOLF	HOCKEY
JUDO	KARATE
RUNNING	SWIMMING
TENNIS	VOLLEYBALL
WRESLING	

#10. THANKSGIVING DAY

```
I  M  P  U  R  I  T  A  N  S  L  O  B  P  L  C
V  A  H  R  U  G  T  B  A  M  E  R  I  C  A  E
M  Y  R  S  A  H  B  D  N  E  Y  R  Y  M  Q  Y
U  F  U  F  T  I  O  V  A  L  P  M  F  Z  C  Y
B  L  Z  E  Y  U  Y  L  I  B  O  X  A  N  Q  U
B  O  A  Z  A  H  F  M  I  G  T  I  B  I  O  Z
V  W  R  N  S  J  A  F  E  D  E  N  G  L  Z  L
Y  E  Q  A  E  F  I  D  I  I  A  Y  M  G  Y  E
S  R  U  B  Q  I  U  T  P  N  E  Y  J  E  T  G
M  Q  O  R  C  T  S  N  I  L  G  A  K  D  L  U
S  G  N  F  I  A  I  K  R  S  U  R  V  J  O  A
W  J  C  T  E  K  Z  V  M  D  U  A  Q  Y  L  F
R  A  A  F  P  Q  R  A  O  T  L  M  Q  B  Z  W
R  R  M  M  Y  H  Y  Q  F  R  E  E  D  O  M  S
G  G  U  D  X  Z  S  A  P  B  T  O  D  M  K  H
J  P  C  Y  J  Q  C  H  A  R  V  E  S  T  N  D
```

AMERICA	FAMILY
FEAST	FREEDOM
GRATITUDE	HARVEST
HOLIDAY	MAIZE
MAYFLOWER	PUMPKIN PIE
PURITANS	SQUASH
STUFFING	TURKEY
YAMS	

#11. FRUITS

```
B K N O S C A V O C A D O S S I
P I N E A P P L E R O E E H X L
F P Q C Q O G D E H N J C Y L C
U R A B W Z D S K T D A J A C F
Y S R L T A X K I H E H M S T P
L B L U J C N Q W P W I J O R Y
D Z A E U G M I G L X C A R W
D D O B J I H A K R H I E R D Q
Y Z R E V H I N G A R P E V H C
C I A R P D S G Z P P H I X Z Z
L W N R A J S O A E C N K C O B
A N G Y A P P L E S Y C X W Y V
A U E Y F N K I B A N A N A A X
P L U M D A I N L D Z Z S E R M
K N W A T E R M E L O N D B C L
Z R B Y S F G S X N W B T W S I
```

APPLE
AVOCADO
BLUEBERRY
GRAPES
MANGO
PEACH
PINEAPPLE
WATERMELON

APRICOT
BANANA
CHERRY
KIWI
ORANGE
PEAR
PLUM

#12. VEGETABLES

```
H  B  U  E  G  G  P  L  A  N  T  L  N  C  R  W
L  K  P  F  J  T  X  B  O  Z  H  V  E  R  R  C
G  C  H  I  P  I  C  T  F  E  K  I  E  F  N  U
E  W  X  G  S  L  A  V  G  Z  J  P  M  M  E  C
O  M  T  A  O  M  T  A  M  U  P  T  L  H  K  U
L  Q  W  S  O  T  B  D  A  E  R  V  C  Q  F  M
Y  P  B  T  M  B  K  W  P  I  T  A  Y  F  L  B
R  O  D  B  A  Q  J  O  U  O  N  S  D  C  V  E
F  T  B  C  P  Z  M  C  R  I  T  U  S  I  C  R
M  A  G  S  D  P  U  R  P  U  D  T  E  U  S  Z
R  T  Q  B  D  Q  A  S  O  I  F  F  T  Q  B  H
D  O  F  E  Y  C  W  R  F  W  W  T  F  V  K  E
D  E  U  E  N  P  P  X  D  Q  E  T  X  D  A  D
Q  F  K  T  J  S  U  V  L  L  J  D  B  A  L  C
W  O  P  S  O  N  I  O  N  M  D  J  E  V  E  R
K  K  B  V  C  S  B  R  O  C  C  O  L  I  M  M
```

BEETS	BROCCOLI
CABBAGE	CARROT
CUCUMBER	EGGPLANT
KALE	LETTUCE
ONION	PEPPER
POTATOE	RADISH
SPINACH	SPROUTS
TOMATO	

#13. THE SIMPSONS

```
Q Y X B S Y C M C E Q J P V V U
W G K R U S T Y L D M L M A Z Y
F K K F R K I O E Q H A S E O I
S H N Y P O O T T O I I J R S H
I N C Z W K C J U H L V A V Z A
G U F M C A R L S N M W D A C B
N M R B U R N S B A R N E Y K Q
N C Y I E M S S R A L P H T B J
U F T C M A L S C Q Q P N Y K R
C K U I H R R T E J G G K M U N
A A P U R G D F I B L R G K T V
Y G Q Y B E N X I G M L A R V E
J M W D M K O N E G E O A M A G
H T H O M E R C V G I B E N P L
A C Z V H C B E V S S S D X R A
X G S V N E L S O N Z C H I B D
```

APU   BARNEY
BART   CARL
CLETUS   GRAMPA
HOMER   KRUSTY
LISA   MARGE
MOE   MR BURNS
NELSON   OTTO
RALPH

#14. MONTHS AND DAYS

```
O  G  L  D  R  F  J  L  P  X  A  R  Z  C  F  P
A  F  E  B  R  U  A  R  Y  W  R  T  U  R  K  S
Q  Q  T  C  F  R  I  D  A  Y  R  H  M  M  Z  A
S  S  D  Z  J  O  C  T  O  B  E  R  L  L  B  T
E  L  U  M  U  R  I  H  A  H  X  W  W  C  M  U
P  K  T  N  L  S  Z  F  U  O  F  Q  D  L  A  R
T  R  Q  A  D  Y  N  N  G  T  Q  C  E  E  R  D
E  G  Z  Y  A  A  K  D  U  I  R  L  C  N  C  A
M  M  S  M  U  S  Y  R  S  L  I  F  E  F  H  Y
B  O  L  O  E  U  G  V  T  R  K  Y  M  F  A  P
E  W  N  I  Z  L  L  F  P  H  B  R  B  N  E  J
R  S  P  D  C  K  M  A  B  K  T  I  E  I  H  U
B  J  A  M  A  O  D  U  W  D  G  G  R  X  X  L
Q  X  Y  U  H  Y  Y  G  B  U  S  K  H  U  D  Y
T  U  E  S  D  A  Y  I  J  S  S  V  C  Z  P  G
Z  C  E  W  E  D  N  E  S  D  A  Y  T  B  H  H
```

APRIL	AUGUST
DECEMBER	FEBRUARY
FRIDAY	JULY
MARCH	MAY
MONDAY	OCTOBER
SATURDAY	SEPTEMBER
SUNDAY	TUESDAY
WEDNESDAY	

#15. FARM ANIMALS

```
A  A  P  T  R  J  I  I  I  Z  V  G  F  E  H  H
C  Q  A  I  O  C  P  I  G  E  O  N  P  Y  C  I
V  M  H  R  G  A  I  M  N  L  S  R  E  J  H  U
Z  R  Q  P  D  F  D  O  G  U  G  S  O  Y  I  O
P  F  P  C  W  Q  T  V  V  T  O  U  E  Q  C  D
B  D  U  I  O  H  Z  Y  K  U  O  Z  V  P  K  O
J  K  B  V  K  O  I  R  K  R  S  U  D  R  E  D
B  S  V  Q  I  R  V  A  C  K  E  Z  E  U  N  O
E  N  O  U  E  S  B  B  U  E  D  T  F  Y  Q  O
I  Q  U  S  T  E  C  B  W  Y  S  E  E  X  X  R
A  C  G  O  A  T  H  I  S  O  C  K  F  K  W  D
R  X  Y  R  H  J  H  T  O  H  N  K  K  C  X  T
X  C  X  L  N  A  Y  R  D  O  E  C  Z  A  E  N
O  E  O  U  N  A  K  U  D  I  U  E  V  T  P  M
Y  P  Z  W  I  H  H  Z  X  D  N  Y  P  P  X  O
Z  Q  O  Z  U  P  S  T  J  F  F  K  N  I  I  W
```

CAT	CHICKEN
COW	DOG
DONKEY	DUCK
GOAT	GOOSE
HORSE	PIG
PIGEON	RABBIT
ROOSTER	SHEEP
TURKEY	

#16. HALLOWEEN

```
M M U M M Y U E C R B A F X Y A
B I P N T N K W I T C H Q A U V
P F I U Q D O C I B L A C K D G
P U O S M T Q R A X J L O S H R
W K S K M P C Y A N M Z M M W A
E Y Z E A S K O F N D I S O T V
G I Y L S W D I S J G Y X N C E
N G T E K V P R N T G E M S K Y
H V H T K G I P A E U U O T E A
L R W O K B Z S I O T M A E R R
R Y D N S C V B Z B M L E R Q D
V D W Z G T M S C A R E N M U Q
R G G W O O S T U Z L R Y V U P
M P J S Z J G P N J Q F C O C U
L K O U Q X S T X T V Z F F O T
G V V R U H A U N T E D G Z S O
```

BLACK   CANDY
COSTUME   GHOST
GRAVEYARD   HAUNTED
MASK   MONSTER
MUMMY   ORANGE
PUMPKIN   SCARE
SKELETON   WITCH
ZOMBIE

#17. COFFEE

```
F R I B V F O D H Y A P N O R C
I O Z Y B U D S J U W A X W S R
A B O U O N W N U S M P N N J K
Q E M L E W R Z S R U E A T D F
N W I L E C I O H C T E F N U V
V A B V W B N A A S B O Q U L E
G T Q I V Y Z R A S S L P P N G
K E P Q U V X T U S T Z O I K L
S R G R I N D W E V X B E V M D
E J N I G Z L R L A A F O S A R
I I V S V Y P L L M F Z Q L D I
G F H P C X E L O A U J L I J N
E M N F E M I R C Q R I F U M K
O J G I S N A V F L A V O R I I
I Y Q O A L Z Z Y B I T T E R J
Q J K V A Y I O U V Z E W L D Y
```

AROMA	BEANS
BITTER	BLEND
CAFFEINE	CUP
DRINK	EXPRESSO
FLAVOR	GRIND
ROAST	SMELL
TASTE	VANILLA
WATER	

#18. MINECRAFT

```
Q  I  T  T  S  L  U  E  U  Q  S  F  U  X  F  P
I  Q  M  J  I  O  S  V  K  M  Q  W  H  R  D  E
X  I  W  V  J  D  P  T  K  V  I  E  O  P  F  H
L  O  N  S  F  D  J  I  C  Y  X  N  J  R  A  C
D  A  Y  G  K  Y  I  S  G  A  Z  P  I  X  D  R
P  A  R  A  L  E  X  A  K  L  E  E  E  N  F  A
I  F  T  D  H  V  V  C  M  G  I  M  X  R  G  F
B  L  A  Z  E  P  I  N  E  O  O  N  E  V  V  T
Z  N  C  X  P  P  L  I  B  I  N  P  I  R  M  I
V  O  K  I  Q  Y  L  U  B  T  E  D  G  W  U  N
T  M  M  X  K  X  A  F  X  E  G  C  H  E  U  G
O  J  Q  B  Y  T  G  H  R  Y  L  Y  A  Z  S  T
D  P  P  I  I  M  E  C  C  H  O  Y  S  J  F  A
L  D  E  K  D  E  S  T  O  W  Q  B  T  Q  Y  B
N  O  M  M  I  N  E  S  H  A  F  T  G  O  T  L
C  V  Q  O  F  I  T  V  O  F  Q  A  L  V  Z  E
```

ALEX   ANVIL
BIOME   BLAZE
CRAFTING TABLE   CREEPER
DIAMOND   GHAST
MINESHAFT   MINING
PICKAXE   PIGLIN
SWORD   VILLAGE
ZOMBIE

#20. ADVENTURE

```
O Z Z V C R A Y F I S H Y M L Y
E X M T Q A T C P H K N Q A R G
F G B W R Z E B R C T L H O Y W
K O I S I E T H O O J K T Y Y J
M C S O D B E R D E C S Z Y A O
O A P S D V W S S Q I O E C B S
U T D B I Z J G V H G L D M A P
N U K V C L E P P L L A O I Q M
T W S R E G I O N A Z O L H L F
A S V S T N S A V D E D O I A E
I E S P C S T U U Y Y F Z K F K
N P A Y A I I U Q F B J U I Q T
S T T P O G E V R Q B H Y N R H
T F M X U O W N S E F H A G R A
C O P Z T S V R C N G X S X V L
C I K M E N Y C H E R A F Y I Y
```

ADVENTURE	COMPASS
CRAYFISH	CROCODILE
FOSSIL	HIKING
HISTORY	MAP
MOUNTAINS	REGION
ROCK	SCIENCE
TREES	VALLEY

#21. CHRISTMAS

```
S  S  N  K  A  W  D  P  K  N  S  R  V  P  K  X
G  R  A  F  R  O  S  T  Y  X  B  X  R  X  I  Y
N  V  Z  N  N  K  P  Y  S  E  E  A  S  S  Y  F
I  X  F  V  T  I  H  D  T  T  Q  J  X  P  T  W
R  B  P  W  I  A  R  H  H  C  K  V  C  B  S
S  N  O  E  L  A  B  W  A  E  K  C  H  L  H  H
S  Z  U  I  C  N  O  R  C  E  B  H  S  Z  B  R
A  M  G  J  H  S  R  E  P  K  E  R  G  Q  C  U
J  E  M  O  A  G  P  A  Y  Z  L  I  Z  Q  A  D
Q  R  Z  Y  E  S  W  T  X  P  L  S  M  H  N  O
R  R  L  C  Z  E  F  H  T  Q  S  T  U  B  D  L
G  Y  A  H  J  I  L  Y  N  G  P  M  C  D  L  P
X  D  G  C  G  E  V  V  Q  L  W  A  O  D  E  H
Q  V  F  F  V  U  J  H  E  F  T  S  B  J  S  W
K  J  H  Z  E  X  W  X  V  S  Q  X  W  U  B  U
C  F  Y  M  R  G  R  E  E  T  I  N  G  S  P  N
```

BELLS	CANDLES
CARDS	CHRISTMAS
ELVES	FROSTY
GIFT	GREETINGS
JOY	MERRY
NOEL	RUDOLPH
SANTA	TREE
WREATH	

#22. VALENTINE'S DAY

```
L K I S S E S I Z O L L O T O A
E X Y J P O E T R Y E C X M I W
T O I E L F D D E T J R I S Q E
T E F Y A E Q C A W N D H J Y H
E M Q T R E N L B A O G O O A B
R V E Z W A O C A N D Y I U O F
S L G I M C N R T I X H G F V O
Z Y Y O O M F X E J K L D K T H
K W R H Y Y F T S R L S Y E D F
C C C P N P O L E B E O H Z L M
H H J F V R W Z O S E A V G Q M
O U V A R L Q X O W S Q F E H A
E R I B B O N R O B E M I N E A
S E C R E T C R U S H R T A A Z
C P C C U K N T D Y R G S M I V
J V M N P F E E L I N G S G F N
```

BE MINE

CHOCOLATE

FLOWERS

KISSES

LOVE

RED

ROMANCE

SECRET CRUSH

CANDY

FEELINGS

GIFT

LETTERS

POETRY

RIBBON

ROSES

#23. STATES OF USA

```
N  E  W  M  E  X  I  C  O  O  O  R  F  S  Y  M
Q  H  S  O  U  T  H  D  A  K  O  T  A  H  J  X
W  G  R  N  R  J  A  K  A  N  S  A  S  Y  V  H
Q  Q  E  B  A  D  C  M  Q  N  E  J  J  Z  Y  I
L  R  U  H  A  L  N  U  P  P  A  T  L  H  Z  Q
O  D  Q  V  U  B  A  C  Z  G  I  D  A  H  O  U
U  Y  E  U  L  X  S  B  F  I  S  G  Y  E  T  D
I  N  A  Z  J  S  T  L  A  S  K  O  F  H  K  G
S  N  N  E  W  Y  O  R  K  M  Z  H  J  D  M  M
I  Y  Q  J  A  Y  M  O  R  H  A  I  P  L  A  A
A  T  E  X  A  S  M  C  R  U  H  O  L  W  R  N
N  V  D  B  A  V  Q  O  R  E  H  E  O  H  Y  R
A  H  I  N  D  I  A  N  A  Z  G  W  Z  B  L  Q
I  W  Y  O  M  I  N  G  Q  D  V  O  G  R  A  A
F  O  K  L  A  H  O  M  A  Q  D  Y  N  L  N  P
O  H  Z  M  O  K  M  Y  D  F  R  B  Z  U  D  J
```

ALABAMA	IDAHO
INDIANA	KANSAS
LOUISIANA	MARYLAND
NEVADA	NEW MEXICO
NEW YORK	OHIO
OKLAHOMA	OREGON
SOUTH DAKOTA	TEXAS
WYOMING	

#24. GARDEN

```
A  P  O  T  S  S  U  P  S  B  C  M  T  S  A  P
F  K  J  F  O  F  E  H  C  T  Z  M  A  M  A  Q
E  O  U  D  J  M  J  W  O  R  M  S  A  E  Z  Y
R  H  G  L  O  V  E  S  A  J  I  I  V  C  J  W
T  S  H  M  W  H  E  E  L  B  A  R  R  O  W  S
I  E  A  X  P  A  G  D  I  G  G  I  N  G  S  T
L  A  Y  O  M  N  G  G  D  N  W  A  T  E  R  P
I  S  S  V  U  E  G  R  D  S  T  E  O  L  A  C
Z  O  G  P  V  T  A  R  F  E  X  Y  S  Q  S  J
A  N  V  I  M  Y  D  X  O  L  N  F  A  E  P  T
T  A  A  E  J  D  M  O  T  W  A  K  V  N  Q  Y
I  L  Q  T  L  S  C  R  O  D  S  A  C  N  C  E
O  V  B  Y  V  Q  I  X  B  R  E  L  R  Q  W  T
N  A  W  L  S  D  V  G  M  L  S  R  A  U  Y  B
F  Y  D  I  E  P  X  G  A  R  D  E  N  E  R  M
U  S  H  T  Q  W  E  E  D  I  N  G  N  K  M  V
```

DIGGING   DIRT
FERTILIZATION   GARDENER
GLOVES   GROW
LEAVES   OUTDOORS
POTS   SEASONAL
WATER   WEEDING
WHEELBARROW   WORMS
YARD

#25. ASTRONOMY

```
O H S I Y V T U K Y D L W T X G
V P R C U K E K D Y X Y K L Y P
Z U B C N B A S A T U R N T P G
Q X L Y I B R F Q R C M I X S N
Z W F A V W T Q V G E V P C U E
J G F H E W H K T T A S U N P P
T U L Y R K I P S R P Y K Q E T
C M P S S R M Y G F P E Q R R U
W C Q I E A S M E Z L U T I N N
C E R E T R I V E Y V J L C O E
S D E A A E U E P R C H S S V V
B J B L T X R N N R C R T M A R
C L O S N E F U U X A U J X M R
B S Q A W S R S S M I P R J V E
A A H T G X W U Q Z P C R Y Y E
R B H V N M B L A C K H O L E P
```

BLACK HOLE
EARTH
JUPITER
MERCURY
PULSAR
SOLAR SYSTEM
SUPERNOVA
VENUS

CRATER
GRAVITY
MARS
NEPTUNE
SATURN
SUN
UNIVERSE

#26. MOTIVATION

```
V I G B W J I B O E J C S N Y T
U F C G D P B L E S S E D A V A
Q S C L I M A G I N A T I O N R
C B E L I E V E L K N F M P E Q
U Z P K N T Z P R H N B Y N H C
K T M A Z I X O P U A C N H A S
I Z R P Z X W R H S T I V U B U
I N S P I R E W L T W H Y U R C
C P H J U Q Z J P L H O R Y E C
H N A O D N L L H E F V U N A E
X V T U R R M J R E S P E C T S
F S A R E M J S H I N E F S H S
Y B X N A N D P O L N P O W E R
U F M E M W P R O G R E S S U E
X B J Y X P H W Q H B Z B U V A
C K Z F A B E S T V H H F I N Q
```

BELIEVE   BEST
BLESSED   BREATHE
DREAM   HUSTLE
IMAGINATION   INSPIRE
JOURNEY   POWER
PROGRESS   RESPECT
SHINE   SUCCESS
WINNER   WORK

#27. SHAPES AND SOLIDS

```
F  D  G  U  Y  G  D  A  S  P  H  E  R  E  M  N
L  Z  O  H  T  P  C  Y  E  X  O  I  Y  M  Y  L
I  R  E  N  D  B  C  I  D  W  D  E  E  C  P  U
C  E  L  L  I  P  S  E  R  V  R  G  H  R  R  K
C  C  C  R  Q  B  D  Z  X  C  H  A  Z  B  N  D
Y  T  T  A  F  Y  D  Y  T  D  L  E  C  A  I  N
L  A  H  B  H  I  C  N  I  Z  L  E  D  O  P  U
I  N  C  U  B  E  O  M  O  G  R  M  Z  Z  E  E
N  G  S  Q  J  G  A  V  N  O  E  E  O  R  N  M
D  L  C  R  A  R  Z  A  V  H  P  E  A  H  T  N
E  E  P  X  Y  P  I  D  A  A  N  U  A  W  A  A
R  P  E  P  M  R  F  Z  R  O  Q  Y  D  O  G  D
S  H  T  F  T  I  X  T  C  S  N  C  E  U  O  I
G  B  O  I  Z  S  Y  T  I  R  L  T  Y  K  N  B
B  A  D  P  N  M  P  O  L  Y  G  O  N  Y  E  C
F  J  Z  L  R  P  L  T  F  F  R  S  P  N  V  X
```

CIRCLE	CONE
CUBE	CYLINDER
ELLIPSE	HEXAGON
PENTAGONE	POLYGON
PRISM	PYRAMID
RECTANGLE	SPHERE
SQUARE	TRAPEZOID
TRIANGLE	

#28. CLIMATE

```
X  R  F  E  P  H  D  H  U  R  R  I  C  A  N  E
T  Z  Y  R  D  B  A  F  O  R  E  C  A  S  T  R
H  U  M  I  D  I  T  Y  V  O  N  E  H  N  G  A
N  Z  T  I  Y  E  Q  A  O  T  R  X  D  M  Y  F
J  G  N  D  J  D  U  R  C  L  I  M  A  T  E  E
F  M  N  H  R  Y  U  I  Z  R  S  Z  B  Z  H  E
T  I  I  P  W  U  R  D  O  Z  O  N  E  L  N  M
W  Q  U  S  I  D  R  O  U  G  H  T  Z  Z  T  W
T  O  R  N  A  D  O  S  R  T  A  G  F  Z  H  U
E  I  W  I  M  G  U  E  H  E  N  V  T  V  V  V
C  K  E  V  B  N  T  T  S  P  R  I  N  G  P  J
V  J  A  T  M  N  W  T  F  K  W  E  Q  J  A  O
F  S  T  N  I  D  H  X  K  K  Z  M  C  J  R  J
A  L  H  W  O  K  R  K  A  U  T  U  M  N  F  C
H  V  E  I  D  K  L  A  T  I  T  U  D  E  V  E
H  U  R  O  C  S  U  M  M  E  R  L  C  C  P  K
```

ARID	AUTUMN
CLIMATE	DROUGHT
FORECAST	HUMIDITY
HURRICANE	LATITUDE
OZONE	SPRING
SUMMER	TORNADO
WEATHER	WINDY
WINTER	

#29. THE BIG BANG THEORY

```
Z K Y X G H S S H E L D O N F C
P G T U N I V E R S I T Y T B F
K A U H Q M H Q Q L W T S Y P S
P Q S O E S E T S G B I M I H A
B W Y A E O J T N T T Y U K Y I
Q I O J D E R A O N U K R W S O
P A A L M E B Y E U H A G Y I C
X R R H O G N I I V O W R A C X
M H P A I W C A Y I W S P T S O
M I A B T S I S C P A D Z Y S Z
B F Y M Y L S T P Q R P U A P U
Q I C I Y G P Q Z A D M W P F E
T I T G J L E B P U C G R F K X
A E I U Q G N B Y U H E F D V W
G A P J L Q N Y L E O N A R D E
L R E R E T Y H U C A D O Q U Q
```

AMY	BIG BANG
HOWARD	LEONARD
PASADENA	PENNY
PHYSICS	RAJESH
SCIENTIST	SHELDON
SPACE	STUART
THEORY	UNIVERSITY
WOLOWITZ	

#30. HARRY POTTER

```
H  U  F  F  L  E  P  U  F  F  D  O  J  D  P  C
S  A  V  O  L  D  E  M  O  R  T  O  A  P  I  V
G  L  T  A  N  M  H  G  T  T  H  A  R  R  Y  L
R  B  J  I  Q  Q  U  I  D  D  I  T  C  H  Y  J
Y  U  J  E  L  S  W  Y  K  H  E  H  U  W  F  K
F  S  V  M  F  W  C  W  F  N  R  I  H  I  O  L
F  P  O  T  T  E  R  A  O  S  A  M  I  Z  E  D
I  U  S  S  A  V  X  I  R  L  V  Z  P  A  Y  E
N  B  Z  I  J  D  M  H  Q  Y  E  Z  P  R  G  P
D  Y  X  U  Y  R  I  H  V  T  N  X  O  D  R  X
O  H  B  B  E  X  G  Z  M  H  C  O  C  R  A  P
R  Q  I  H  U  O  P  J  D  E  L  V  R  Y  N  X
G  M  S  A  F  A  P  G  M  R  A  C  I  Q  G  Z
C  O  Z  T  M  C  T  X  C  I  W  M  F  L  E  K
G  K  U  F  Y  K  N  M  U  N  M  N  F  N  R  H
N  N  X  K  D  U  M  B  L  E  D  O  R  E  D  A
```

ALBUS	DUMBLEDORE
GRANGER	GRYFFINDOR
HARRY	HERMIONE
HIPPOCRIFF	HUFFLEPUFF
POTTER	QUIDDITCH
RAVENCLAW	SCAR
SLYTHERIN	VOLDEMORT
WIZARDRY	

BEST TENNIS PLAYERS OF ALL TIME - Solution

```
R A F A E L N A D A L T U J Y M
C M E L R F N A Q Z R A O E D J
B O O X A T M T Q O H J K Q I
A W I N O P V Q K C D F U S R M
N S K V I B Z Z R L L O S J O M
D B T C A C B D B D A L T O G Y
R J G E H N A Y F L V A I H E C
E O M N F R L S S D E H N N R O
A R I G R F I E E U R B E M F N
G N B S S X I S N L Q X H C E N
A B Q L U H W G E D E W E E D O
S O D K E U M H R V L S N N E R
S R C Z K N Q R A A E Y I R R S
I G X R B S D N M D F R N O E L
R G F S N T W S K K I F T E R Q
V N X M P E T E S A M P R A S S
```

TENNIS COURT TYPES - Solution

```
R A S P H A L T C N I C W M O H
Y C L A Y P L N J O H B P M N S
H L H W P V X S W N N V I Y S K
I I E P F O V D U S P C A A R P
B J L O J D R Y T P L L R M C V
V F Y K G S I X I Q C G E Y F
T P L T Q F X B M L L L J C T T
J J S H H J S R A A A F E N O G E
G D D C L Y E I I H H Z W M Q
G B F V I C C C E Y L V S P E P
X H H Y I I S L D W S W O D N
L H T Q F F T G L X A I B G W Z
A U G I I Y M O X R B I X L H J
M C T T R U X P G V M U K H L M
J R R G E F G C B A R Z W B P G
A A G K K N I Z C A R P E T A N
```

SCORING - Solution

```
F E X C Y Z G O W M R M T B Q G
H A S S M Y U N Z K A V V R Z K
C U M E M A R D G T G T O R H O
E B C G T A U B G P P W U F E Q
N K W Y A S T A E E O T X M N V
D E Y A M M N C C R E I A H P E
M O L B A P E U H S B G N S M X
I L X Q L F E S E E K E D T I X
Z Q C J C D W G V A S M G O S F
T X J X N J A O E J U K I U K V
L C U H X T N R A K M S F X G Y
O H L U N H B H P X S E R B X V
D N F A T E O O U W P Q C R G T
G B V B I V U Z J Z D Y M M S J
P D V T N I J G C Q R M U P T A
A M Y S X U I H B W P W R B C N
```

TENNIS BRANDS - Solution

```
T E C N I F I B R E W C R A S Z
Q L M Y D D I P C G U E M Y Q H
D H Y Z H S S U S S E W D R X F
N O Z A N E B N V C C Q I R O I
S Y K Q C M O A N M M P I I I X
E F G L U S E I B Z E J H A V B
P Y H I N P X L U O L Q P Y A B
B H W O N E S B Q R I A F D M
F Z O Y N O G N A H Y V T B I M
B Y P O P H N S M G E A L J D I
N A Y L T A I L V N Q A Z E A P
C D J X P G K G O A X V D R S G
F R A Q F E E Y B P N K V F R
O I D U N L O P A O S I J O C J
A M Y S X U I H B W P W R B C N
```

EQUIPMENT – Solution

```
A I Q I N Q H V Q F X D M D O Q
F R B H N P R G F Q C J N R L A
M D I H C X N S I G T A G U Z N
V N Z Y V G L Z S O B M Y T K K
R W R I S T B A N D G S Y E Z I
Q C R G W P B A L L O A N C U
X W B A N S F E N I A P T N J T
M V R X C K H S Y C Z E C I D T
E E I B Z K A V N N V P S S C
K G U C J F E X V K V M G S D D
R I Y J G L A T P J A J U H Y C
Z V N I F J U J L R W J X O O Q
G Y Z K E G Y T F U S M M E A P
V T C J C Y Z O X Q F J S M B
O C K O R P X O F Z P O K L C H
Z W Q M B Z O T E H Q L G Q V D
```

COMMON TENNIS COURT TERMS – Solution

```
S F E U S R Z T O Y R F O L C W
E D Q H I M U Y M T O K Z K U Q
R E F A S D P N K I Y J R X C C
V U J J H W X C O D A E E X
I C T B W V T F Y Q M D W J O J
C E R A R U Z E R R P T L B F G
E S A S O Y L J E J R T E E O S
L E M E A L S T Y U E C J T T
I R L L A Z N D O D I P F H A W
N V I I E T C I V J V F Q T
E I N N C D S R S F U P L L C
C E E C A H E V U Z Z W A M
N E S K J V S C Z K R B R Z N W
B Q R C B A C K C O U R T F J
O M V Z O R X G C V H B Y N M
X D E U C E C O U R T N R H J
```

TENNIS SHOTS – Solution

```
F A M F P U P I O M B N X M W O
M Z T E S O C B I G W N W K Z M
H N P I P C F Q V C P X L U Y N
X R K H L S O H M R X N T X Q U
V U X W P G A H O N D A A L W Z
X V X D S R I L Z B W R K O M P
C B O J K I G M V K K R O X D E
B A E L F O R E H A N D U J K A
D C N M L I H Q K O H A W B G P
P K W T C E T M D J G O L H P R
R H Z Q P J Y I D A K I G K X S
B A K C Q K L S G R M U T B M E
T N H I H Z T O K S P U B D F R
J D E I Z O H D F D S M G B G V
L T M O A J N Z F J C E I Q D E
Z S J A X J H V W N J U N N E C
```

GRAND SLAM TOURNAMENTS – Solution

```
H B M W L E D L F X E G R H I F
H U D Q O S H T H V N D G F P N
A R S R F O P U E D U S W F M
E U D O N Z R U P E W T R I O J
L U S J P A H O O P I M T Y
N D F T U E H V Z O T A X B S I
T O J R C N E E J U J K L U X
A H G V N A R Z Y S O T N E A W
H N I E T K L Q V S O P X D M M
N T R K O F F I U M X E L O Z Z
S R F P I K K X J A Z C Z W N O J
K R X J X B T I W N Z G E E S R
C P H M F J K S B O O Q T Y G M
B Z U I G G U Q M L F P J K Q Y
V T Z D N N X N M V P O E P F X
X R J A M A B T W S D C Q N G Y
```

TEAM EVENTS – Solution

JUNIOR ITF GRADE A EVENTS – Solution

...SOCIATION OF TENNIS PROFESSIONALS TOUR – Solut

...OCIATION OF TENNIS PROFESSIONALS TOUR 2 – Solu

```
Q A T Z N E F S A W S N J B W      O   P H A L L O F F A M E O P E N Q
G I R H O U Z P I O A S G T P      P   L Q R H O L U X C I N N R N S S
O U O G M X J F X R N S G A T E    E   Y Q D B E Z H X N E E N E R T H
S X V P E S M W P E D N D M T N    N   W J S F L K X E P P E P H O E
X Q Q E X N C S P G E D I X E S    S   L D N D K Q P O O P O A E N C Z
H D A M V O T O C P V C O E T U    U   C G W V C O A E O A N P U K H
G Z J T E G L I O S N W Y J T D    D   J Y E S S I L A T E O K J A H E
T K C J A I E A N E X W P J D D    D   A S M S T L C N P N X D B Q O N
F L U U R R I N P A S L U X H E    E   Y Q I A E R A O A S O R M Y L O
C O T O X R O O E M O C G T J F    F   E W O S O L H I V J B K I G M P
L B T R A M L P C V M P X Y Q R    R   S R O L T S R L L W I Y C P O E
U S D V T I L X E Z A F E K D A    A   C M L A I T D Z Q L Q S S F P N
E Y A M S C A V N N T O S N X N    N   M A Y D S M J T S H G X P E E N
B B S A U C K L A N D O P E N C    C   M E U F U A F T S N Z Y W N N
R X R R O S M A L E N O P E N E    E   U W A S T U T T G A R T O P E N
Y B H Q N D R X J G J M W A N M    M   S H K R E M L I N C U P G R N Y
```

BASIC TENNIS TERMS - Solution

```
A J T C A F W 2 N B E 7 F Q C X      P Z N O M L G L I N E J U D G E
I B I D J D J J D L Q 0 Z K R C      M X S Z E O O G B U Y S K G S W
K 7 B C O I V P 9 D 6 B Q 4 O D      I F I V G B G F O Z Q C G R F F
X R Z A Y D H A I G G R O 4 S O      X M O G W P K U O Y W U A O A K
7 X B C L X O K N D A E I N S U      E L A R A C Q U E T H L M U U G
E 4 I A J L L U 4 T K A V B C B      D R A T E V Z A V O T Y E N L R
Q B D 9 S L B M B Z A K 4 A O L      D Z A I C H B M B P G P D T A N
J B 2 O A E X O O L R G L L U E      O X C P H A L C H W S O S R N D
O A L B B E L 8 Y P E I E L R F      U C J C K K P N T A F A I T P D
H L T S J A I I E J O S E P T A      B T N O K E O O D T H M N R I S
H L A K 7 F C C N C E C C E 7 U      L R Q E G S T L I O C B T O R L
W G 3 B Q L U K H E A F G R J L      E Z Q D T A C P G N K O O K C A
A I T 5 S E Z C H D M U 4 S H T      S U N D H N M N L B T T U E M
D R V E D 0 0 0 6 A W F Q O D I      F D Z T K C I E Y A E Q V M N G
I L B R E A K P O I N T S N F J      M D P A X S C W R L Q Q Z D R P
9 7 5 D R O P S H O T D O W F 5      N O C T Z Q H L P K W B F F Y E
```

BASIC TENNIS TERMS 2 - Solution

BASIC TENNIS TERMS 3 - Solution

ALL TENNIS TERMS - Solution

ALL TENNIS TERMS 2 - Solution

ALL TENNIS TERMS 3 - Solution

ALL TENNIS TERMS 4 - Solution

```
U Y C L A Y C O U R T E R O U C
N C L A Y C O U R T K S S N E L
V N D E C I D I N G P O I N T A
C N Z B Q L D E A D N E T L T Y
L D E U C E A K G T S K F O I C
A G H T W A V Y P U U Y H P T O
Y U K E O I C Q C R E S Z R U U
C C I H R S D T E O P U U Q Q R
O D A M P E N E R E U O G F Z T
U N O O U X X C E O C R D N P E
R X I E J S N D H E D X T P M R
T D E A D N E T C O R D E T B N
E J M V A T F U C M L C R R S H
R V C L O S E D S T A N C E U E
P C V G P D H L V V X G S Q N S
S W V O A Z T C R O S S O V E R
```

ALL TENNIS TERMS 5 - Solution

```
S U C C S W I N G V O L L E Y R
L D V M D O U B L E S K O W G D
D O D H D O U B L E H A N D E R
R W B O M E R R O R X O K I T K
O N D U Q H P N B Y A D R T D
P T M R H B T X W D E W R T C O
A H D L O O L R S R V M I B N U
K E A I T P E E B A R V A I B
Z L G K N P V E S W S S E L D L
E I D C P K L O N N Z P V L R E
R O U B Z L P E Q O E I B
H E R Z U E V X Z L Z T L R V
A D U O T J L Y D K E X L V E
F R D J D V Q B I I G Y E T O A
P G O X D R I O S G K Y E F K
K U D C S N L B P W X C L D U
```

ALL TENNIS TERMS 6 - Solution

```
B W O O D S H O T F F B X R K O
L S Y F H F M F R A M E S H O T
U E O O F N C E R A X G P V P Q
V X M R U O G L B Z O Y A T U D
O H F C T C D O R Z F Y E M M P
D I O E U T X I J E R H G A E W
F B O D R F R Y X R A W T B B K
L I T E E C U J E P M E B C W H
A T F R S T P N S E E I B P G F
T I A R G R I F I F R W B F R M
S O U O V L E E A C H Y S D U A
H N L R T M D E E U L K E S Z T
O M T A A T Y V J L N T X Q C C
T D L G B N I Y W J I T K W Z H
U F P H C F F O O T F A U L T Q
C T K P B F I R S T S E R V E T B
```

ALL TENNIS TERMS 7 - Solution

```
G V R G R A S S C O U R T E R J
G S H A I L M A R Y P K F B K G
R H A R D C O U R T E R W M D R
O A H A C K E R B A N N I V T A
M R D Q V N C U D K T G H K T S
M D Q A C Z U G O A T E A G U S
E C H W R V G T W V T R R G C
T O Y N E U C R V M H T D A R O
S U O L M A U I A A X N C S O U
T R L V O D N M Y V V O S U R T
R T V A C E R D G X A A U C N T E
I E D F T E I I F R G W R O D E
P R L T S H Q N Z T T N T U I R
S A K U I D A G X E M L R R E G
H A W K E Y E L I V E F H T D M
B Z N D H A R D C O U R T E R M
```

69

ALL TENNIS TERMS 8 – Solution

```
H I T T I N G P A R T N E R Z B
B J Y U B T G V I U U W N L D B
H U Y J E J F T K O B I X A N H
A N O J R H M E W H E L E I S I
Q K R U K P O B N D G H P I V T
G B D N C J L I T T I N C U A N
Y A H I J F A S D E R N I O S N
U L I O C U N M K R E Y E U W D
H L Q R L I N C M T P D T S N G
E E O E U D A K N I I B W B P I
A R J X P R S W B S N S A U C G
V I L E A K A E N A L G K A V G
Y W R M G L J I R K L C O P S L
F U C P A A W N Q V O L U X P E
Y N C T L M P I G N E F T A R B
E P W R J U N K B A L L E R A
```

ALL TENNIS TERMS 9 – Solution

```
L I P M O L B L Y V F M P Z C O
O V M I I B I X O L Q T L T S J
V G L L N G N G V I Y M J Y N
E L J I O Y I O E H E Z T S Y B
G I M N B L J B S U C H L L H L
A N O E V I E I R L M D O O F C
M E O S O M M T L E A P Y L N G
E S N M L B G A C D A B I D G Q
X W B A L Z C X L H A K E R V R
D O A N E B Y S C E E L S N E J
M L N Y Q M K D X A C D R E A
A A L C M I N I H O L D K U C R
W N C Z M T U Z S M K T O T E I
R C H M E X F D H H N S P B B I
V C S L C R K U Z X I I V O S R
J C W M O P Q J N Q M T X E N T
```

ALL TENNIS TERMS 10 – Solution

```
B I R O O R D E R O F P L A Y F
K U N J N T O P E N S T A N C E
I O S E U S U N E T P O S T S J
N G I O T B E P D D E B N D T Y
T G T W O C S R N E T P O I N T
O E O J Z L O E V Y U D P X L P
N P A O S Q B R F E W J Y N U K
V G L I W Y H S D S L Q O T Z D
Y M A I N D R A W B E C O R N H
O N E H A N D E R Q P N B P E X
U G B N O M A N S L A N D R W
K H N E T S T I C K S J Y A B L
H O T A Z K T R R N N D T A J
Q I X B Q U F M K R E B D I L V
C S U N O M T P C C A T B N L R
K Y O N E T W O P U N C H G S E
```

ALL TENNIS TERMS 11 – Solution

```
O O S B P P K L S O E H P P V P
L L I X F A U N V L L G O O N O
O C U U L O S L U G W F A V V O
V Y T F P H V S P K K F C E P V
E Y N D C Q K E I C P Z H R P E
R V E A G U Z P R N Q E I W O R
R H O J O A A U G G G N R B H
U P V M O L P J P T R S G A G E
L X J E M I I I A E A A I H P L A
E O E M H E N D T C S W P O K D
X I J I I S G E N J G S A P T E
M K H J D W I X A Q Y N A Y B C
A K P U L L T H E T R I G G E R
T P O I N T P E N A L T Y J O M
Y A S P R E Q U A L I F Y I N G
T G O P A I N T T H E L I N E S
```

70

ALL TENNIS TERMS 12 – Solution

```
Y D C R A C Q U E T A B U S E G
O Q R A N K I N G S X T N X R V
C O U R T T E N N I S Y C F E R
R R R A R O U N D R O B I N C A
O J N I L N Q Q X E T Z Z R E C
Y B S G S I P D A T N N O E I K
A S R T R I F Q U U Z J H T V E
L B W A H U N I U R S C R R E T
T A R K T X B G E N H K C I R A
E G U E L I V B S R A U P E V B
N J Z E Z Y N X E H Q U W V R U
N Z M Z T D U G G R O L Z E E S
I U Q K C X B Q Q H M T Q R S E
S O M K X R A C Q U E T D X T O
V R P K U R E T U R N A C E X K
R S Q U A L I F Y I N G D R A W
```

ALL TENNIS TERMS 13 – Solution

```
N Z S E R V I C E B O X H A R R
I S C R A T C H P Q N E A U B F
S E R V I C E L I N E S V S V L
B U X U J V L B C H W E S E O S
K G B R S S M X S K C E E C S E
S H S K M H A V E V B D C O E R
H E A E F A I X E A Q I O N R V
O S T O T N F L D E S N N D V I
T E E W K Y N C N E G D S I C
C R L T V Y I Q W T P S N C E
L V L P G V V X P V E A E C
O E I I D R G Q I P O E R P G O
C O T Y E C A O H T I L V C A U
K U E S K A J Z Z J N A E M R L
D T A N G K F V F R T U O X E T
M D U D T S H A L L O W D P N G
```

ALL TENNIS TERMS 14 – Solution

```
Z S I N G L E S S T I C K S R D
Q S T I C K V O L L E Y I E W L
S S A Z A J N T O J P Q T P O M
P I A X W J A O S T R T C K I S O
O N M F Y U J M B T I Z C S S L
T G S P A N K B O S A Z V E I E
S L S Z S K B H L K D N C U N D
E E F T Z P S C O H P I C G G G
R S P S I H I O A E L T S E L E
V N U Y S F H N T S P B C E E H
I E T A Q Y F S A L B L Z Z H A
N T U C K A T N H P X M J W A M
G Q N S G I H I E A I B T D N M
S B L Q L R C T T S H F Q F D E
Y T Z P F V S C G U S L Q V E R
Z H S S P O T S E R V E R D R T
```

ALL TENNIS TERMS 15 – Solution

```
Q D U K M C T E N N I S D A D Z
S S T R A I G H T S E T S H E E
T S T R I N G B E D C C K F
O F O L S H X Z G S U A B O O X
P X E M T W B W I I O C R D T S
P I M P O W E T K C H T J K E W
E S V T U T Q E R C S T L N I N
R T B O C I Q E T N Y A Y T N N
M O K S H E P T N S G N K A I G
W P M S X U G J A L P K R P S V
V J M S S F T V N R O F E B O L
L O Q U T X U W T G K C T I U L
M L Z H W P L E K D U I A T B L
Z L G V Z L G O E E J E N C B E
O E S T R I N G S A V E R G L Y
Z Y Q O D B O W N A K X S P E G
```

ALL TENNIS TERMS 16 - Solution

ALL TENNIS TERMS 17 - Solution

#1. WINTER - Solution

#2. SUMMER - Solution

#3. SPRING – Solution

#4. AUTUMN – Solution

#5. COUNTRIES – Solution

#6. WORLD CITIES – Solution

#7. FOOD AND DRINK - Solution

#8. ANIMALS - Solution

#9. SPORTS - Solution

#10. THANKSGIVING DAY - Solution

74

#11. FRUITS – Solution

```
B K N O S C A V O C A D O S S I
P I N E A P P L E R O E E H X L
F P Q C Q O G D E H N J C Y L C
U R A B W Z D S K T D A J A C F
Y S R L T A X K I H E H M S T P
L B L U J C N Q W P W I J O R Y
D Z A E U G U M I G L X C A R W
D D O B J I H A K R H I E R D Q
Y Z R E V H I N G A R P E V H C
C I A R P D S G Z P P H I X Z Z
L W N R A J S O A E C N K O O B
A N G Y A P P L E S Y C X W Y V
A U E Y F N K I B A N A N A A X
P L U M D A I N L D Z A S E R M
K N W A T E R M E L O N D B C L
Z R B Y S F G S X N W B T W S I
```

#12. VEGETABLES – Solution

```
H B U E G G P L A N T L N C R W
L K P F J T X B O Z H V E R R C
G C H I P I C T F E K I E F N U
E W X G S A G Z J P M M E C U
O M T A O M A M U P T L H K U
L Q W S O T B D A E R V C Q F M
Y P B T M B K W P I T A Y F L B
R O D B A Q J O U O N S D C V E
F T B C Z Z M C R I T U S I C R
M A G S D P U R P U D T E U S Z
R T Q B D Q A S O I F F T Q B H
D O F E Y C W R F W W T F V K E
D E U E N P P X D Q E T X D A D
Q F K T J S U V L L J D B A L C
W O P S O N I O N M D J E V E R
K K B V C S B R O C C O L I M M
```

#13. THE SIMPSONS – Solution

```
Q Y X B S Y C M C E Q J P V V U
W G K R U S T Y L D M L M A Z Y
F K K F R K I O E Q H A S E O I
S H N Y P O O T T O I I J R S H
I N C Z W K C J U H L V A V Z A
G U F M C A R L S N M W D A C B
N M R B U R N S B A R N E Y K Q
N C Y I M S R A L P H T B J
U F T C M A L S C Q P N Y K
C K U I H R R T E J G G K M U N
A A P U R G D F I B L R G K T V
Y G Q Y B E N X I G M L A R V E
J M W D M K O N E G E O A M A G
H T H O M E R C V G I B E N P L
A C Z V H C B E V S S S D X R A
X G S V N E L S O N Z C H I B D
```

#14. MONTHS AND DAYS – Solution

```
O G L D R F J L P X A R Z C F P
A F E B R U A R Y W R T U R K S
Q Q T C F R I D A Y R H M M Z A
S S D Z O C T O B E R L L B T
E L U M U R I A H X W C W C M U
P K T N L S Z F U O F Q D L A R
T R Q A D Y N N G T Q C E E R D
E G Y A A K D U I R L C N C A A
M M M U S Y S L I F E F H Y
B O L O E U G T R K Y M F A P
E W N I Z L L F P H B N B J
R S P D C K M A B K T I E I H U
B J A M A O D U W D G G R X X L
Q X Y U H Y Y G B U S K H U D Y
A T U E S D A Y I J S S V C Z P G
Z C E W E D N E S D A Y T B H H
```

#15. FARM ANIMALS – Solution

#16. HALLOWEEN – Solution

#17. COFFEE – Solution

#18. MINECRAFT – Solution

#20. ADVENTURE – Solution

#21. CHRISTMAS – Solution

#22. VALENTINE'S DAY – Solution

#23. STATES OF USA – Solution

#24. GARDEN – Solution

#25. ASTRONOMY – Solution

#26. MOTIVATION – Solution

#27. SHAPES AND SOLIDS – Solution

#28. CLIMATE - Solution

#29. THE BIG BANG THEORY - Solution

#30. HARRY POTTER - Solution

Made in the USA
Las Vegas, NV
19 August 2024

94070599R00046